SU VIDA EN VOZ DE SUS AMIGOS

Juan Gabriel

Un amor eterno

SU VIDA EN VOZ DE SUS AMIGOS

Juan Gabriel
Un amor eterno

MARTHA FIGUEROA

(COORDINADORA)

Diseño de portada: Alejandra Ruiz Esparza
Fotografía de portada: Getty Images / Luis Sinco / Contributor
Imagen de portada: © Shutterstock / Luzykova Laroslava
Diseño de interiores: Ricardo Velmor
Fotografías de interiores: Archivos personales de los colaboradores.
© Gerardo Gómez. Cortesía de Fidelio Arts (p 83).
© Associated Press (AP) pp 109, 113 y 129.
Investigación: Jorge Nieto

© 2016, Martha Figueroa, coordinadora

Derechos reservados

© 2016, Editorial Planeta Mexicana, S.A. de C.V.
Bajo el sello editorial PLANETA M.R.
Avenida Presidente Masarik núm. 111, Piso 2
Colonia Polanco V Sección
Deleg. Miguel Hidalgo
C.P. 11560, Ciudad de México
www.planetadelibros.com.mx

Primera edición: noviembre de 2016
ISBN: 978-607-07-3788-6

Impreso en los talleres de Litográfica Ingramex, S.A. de C.V.
Centeno núm. 162-1, colonia Granjas Esmeralda, Ciudad de México
Impreso y hecho en México – *Printed and made in Mexico*

Índice

Prólogo

Juan Gabriel ha muerto.

Y como suele suceder, la noticia nos tomó por sorpresa. En domingo. Yo comía sola, así que para compartir la tragedia, lo escribí en donde ahora transcurre gran parte de nuestras vidas, en las redes sociales. Ahí todo el mundo lloraba la muerte de "uno de los más grandes". Personalmente, creo que no fue uno, sino el más grande.

Más tarde, cuando encendí la televisión, entre los comentaristas nadie sabía qué hacer o decir hasta que llegaron los expertos en espectáculos: algunos de luto riguroso, otros en sandalias, playeras y unos más en ropa deportiva. Sí, fue muy extraño. Pero lo importante era hablar sobre la muerte del personaje más sorprendente de la música mexicana, Juan Gabriel.

Hoy, varios meses después de su partida, seguimos escuchando su voz en todas partes y, llámenme ilusa, pero estoy segura de que dentro de cien años todavía sonará. No me pregunten en qué tipo de aparato o si el sonido bajará directamente de una nube, pero les firmo que ocurrirá. Aunque su funeral y "homenaje" en el Palacio de Bellas Artes ha sido el más concurrido de la historia, algunos optimistas conservan la ilusión de que Alberto Aguilera Valadez –su nombre real– sigue vivo. Una amiga muy cercana al ídolo de Juárez asegura que, mientras yo escribo el libro, él está en algún lugar de la India en busca de iluminación, recetas ayurvédicas y disfrutando de un amor.

Otra cantante famosa, amiga íntima del Divo, llora sin consuelo por no haber evitado el infarto de su mentor. Ella sabía desde hace dos años que a Juan Gabriel no le funcionaba nada, sólo el corazón. Empieza la leyenda.

Personalmente, lo conocí a los 11 años de edad y, sin darme cuenta, me convertí en una de sus intérpretes (como la Dúrcal, la Pantoja, Marc Anthony y Julión Álvarez). No crean que además de escritora, fui una Shirley Temple o una niña folklórica, pero formé parte del famoso coro de "Las Cien Voces de los Hermanos Zavala" y grabamos un disco de larga duración (LP, Long Play) con las canciones más exitosas del compositor del momento: Juan Gabriel.

De pronto, ahí estaba la niña traviesa —entre 99 virtuosos más— enfrente del artista en los estudios de la RCA Victor en la Ciudad de México, sin imaginar que pasaríamos juntos los próximos 40 años gracias a sus canciones. Esta minicantante precoz no tuvo la visión de reconocer al que sería un mito: cuando nos presentaron le dije: "mucho gusto, señor" y seguí mi camino.

Así es, la grandeza de Alberto Aguilera nos salpicó a los que fuimos niños en los años setenta, porque no había temas infantiles en la radio. Desde luego existía Cri-Cri o las casi diabólicas "rondas infantiles", pero no había a qué aferrarnos musicalmente con el primer amor. Gracias a Juan Gabriel, pasamos de "la patita con canasta y rebozo de bolitas" a gritar a todo pulmón "tú estás siempre en mi mente, pienso en ti amor cada instante, cómo quieres tú que te olvide si estás tú, siempre tú, tú, tú, siempre en mi mente".

En eso pensaba al ver pasar la urna —sigo creyendo que no contenía sus restos—, en los noticieros ante miles de fanáticos. Por mi estatus de periodista de entretenimiento conocí bien su trayectoria y parte de su vida, siempre polémica. Pero hasta ahora, hablando con su círculo íntimo de amigos y colegas, me entero desde lo más trivial hasta lo más profundo. Compositor claro y directo, comedor compulsivo de zanahorias y chocolates, vegetariano para unos, amante de las carnitas para otros, músico virtuoso, comprador de casas por impulso, decorador nato, fotógrafo creativo. Un tipazo.

Alguna vez escuché al Divo de Juárez decir "soy un poquito de la gente que ha contribuido a mi realización, soy también un poquito de lo que con mi esfuerzo he hecho. Eso hace que una persona sea completa de poquito en poquito".

En este libro, a través de los relatos, hemos tratado de recrear a Juan Gabriel completo, algunas veces raro y otras encantador. Porque era las dos cosas. Generoso y controlador, dramático y divertido. Fuera de serie. Por eso recurrí a quienes lo conocían, para armar un rompecabezas fiel del hombre que tocó el corazón de millones.

Sus amigos y discípulos lo veían como un sabio, como un gurú musical, como un oráculo personal. Y seguían al pie de la letra sus consejos, porque coinciden en que "siempre tenía la razón". Pocas veces se equivocaba. Pero al mismo tiempo era un amoroso tirano que decidía absolutamente todo. Desde los arreglos del show, hasta cómo debían vestirse o sentarse sus amigas. Dormía poco porque prefería usar las noches para trabajar. Dejaba entrar a los fans a su casa y hasta les ponía mesas con comida, para que disfrutaran como Dios manda.

Él marcaba los tiempos sobre cuándo y cómo reunirse con sus amigos o colaboradores y también cómo comunicarse. Sin teléfono, ni Facebook ni Twitter ni WhatsApp. Bueno, teléfono sí tenía, pero estaba destinado sólo a sus seres queridos de primera línea.

Solamente un personaje que sabía que sería inmortal podía escoger "damas de compañía" increíbles para no sentirse solo.

Dependiendo de la época, tuvo en su lista de mejores amigas a Lola Beltrán, Isela Vega, María Sorté, Lyn May, Mariana Seoane o Monna Bell. Me imagino perfecto a Juanga bailando "la vida es una tómbola, tom tom tómbola, la vida es una tómbola, tom tom tómbola, de luz y de color, de luz y de color".

Juan Gabriel era un genio, dentro y fuera del escenario. Estoy segura de que mis nietos conocerán y cantarán alguna canción suya. Dignos herederos de su magnífica abuela que se enamoró escuchando "quédate conmigo esta noche, hagamos una fiesta bajo la luna llena, contaremos las estrellas, a ver quién cuenta más…"

Entre los proyectos que el maestro Juan Gabriel dejó pendientes está el tan esperado álbum *Los dúo 3*, donde unirá —al fin— su voz a la de Luis Miguel y Elton John, aunque también podría sumarse Paul McCartney. También un concierto gratuito en el Zócalo de la Ciudad de México, programado para el 12 de noviembre de 2016 como parte del tour MéXXIco es todo.

Y algo fantástico: una colaboración con Gustavo Dudamel, a quien algunos han bautizado como el "Michael Jackson de la música clásica". Pero bueno, la imaginación es poderosa y yo disfruté la idea, como si hubiera sucedido.

Ya lo dijo el jefe Mancera "México no será lo mismo sin Juan Gabriel". Pues no. Espero que disfruten estas historias en voz de sus protagonistas y desde aquí agradezco a todos los personajes que aceptaron participar en este tributo sin dudarlo. Igual se quedan en mi memoria fotográfica, los que no. Al final, me alegra pensar que nunca habrá otro Juan Gabriel.

¡Hasta siempre!

Era un señorón

Julión Álvarez

Julión Alvarez. "La frontera" es el mejor dueto que hizo Juan Gabriel en los últimos años. El video tiene casi 60 millones de visitas y es imposible no ponerse de buenas con la simpatía del Divo y del ídolo norteño, a quien el presidente Peña Nieto reconoció como "un gran ejemplo para la juventud mexicana". Dios los hizo y ellos se juntaron sólo ocho horas para crear, cantar y divertirse como los grandes.

asta que grabamos juntos, yo nunca había tratado a Juan Gabriel directamente, sino a través de otra amistad. El tema de "La frontera" fue la única relación de trabajo que tuvimos. Creo que recibí la invitación por medio de la compañía, no recuerdo bien.

Lo que sí puedo decir es que tuve una experiencia bonita. Fue un día en que me tocó que él estuviera muy de buenas. Nos regaló ocho o diez horas de su día. Mientras yo grababa, él estuvo enfrente dirigiendo, opinando, dando sus puntos de vista. Y luego, cuando él grabó, también me permitió estar

Muchas veces uno graba en un estudio, otro graba en otro estudio y nunca se da el encuentro físico.

ahí. Muchas veces uno graba en un estudio, otro graba en otro estudio y nunca se da el encuentro físico. Así que esto fue bonito. El señor se portó muy bien conmigo; me enseñó su casa y su estudio.

En esa ocasión me dijo:

—Te felicito, síguele echando muchas ganas. Ya estudiamos tu carrera.

En el estudio me sugería:

—Intenta grabar así, con la cabeza más arriba. Yo lo hago y me facilita las notas.

Hubo consejos de todo. Y a lo mejor vagamente o de pasadita, pero ya conocía mis canciones. Y saber que un señorón de ese tamaño me conociera es bonito.

Era muy atento. A mí me mostró su cocina, recámaras, los lugares que tenía para los invitados. ¡Todo! Por eso digo que se portó de maravilla conmigo y estoy muy contento, muy satisfecho de haber escuchado y vivido esas horas con él. De comer, hubo de todo. Nos dieron mariscos, carne, ensaladas y botanitas. Yo soy muy tragón, entonces me decía:

—Julio, ¿necesita comida? Tenga, aunque sea nada más para estar pellizcando.

Yo sentía un peso muy grande desde la invitación, porque pensaba: "Es un señorón con mucha trayectoria y talento. Como compositor y cantante, es un artista muy completo". Yo no sé si a él se le ocurrió hacerle la invitación a Julión Álvarez o si había sido idea la compañía, su equipo de trabajo, músicos o arreglistas. Entonces, me preguntaba: "¿Le irá a gustar o no?".

Gracias a Dios, parece que le gustó y puedo decir que somos parte de un éxito, el de *Los dúo*. La verdad ni siquiera sé si le gustaba el género banda. No quise ser muy preguntón o insistente. Me gustó mucho poder verlo, admirarlo, escucharlo y poner atención a lo que me decía. Y con eso me dejó ver

Eso me dejó ver cómo vivía la vida, cómo se expresaba de las cosas, cómo sentía la música.

cómo vivía la vida, cómo se expresaba de las cosas, cómo sentía la música. Ya no pregunté casi nada más.

Después de que grabamos "La frontera", me dijo que estaba encantado, que me agradecía mucho y que ojalá fuera un éxito. Gracias a Dios creo que se logró, el público ha apoyado mucho nuestro tema. Ahora es parte de mi presentación y un regalo que me dio la oportunidad de trabajar con él. Significa mucho como parte de mi currículum, como historia de Julión Álvarez. Es un honor, una satisfacción muy bonita y un logro muy grande. Son oportunidades, que si se presentan, hay que aprovecharlas al máximo.

Antes de que él muriera platiqué con su arreglista, que me dijo:

—Oye, estuvimos en su computadora seleccionando canciones. Con todas las canciones que elegimos, el señor quiere grabar una producción contigo.

Yo no puedo decir que lo platiqué con él. Ojo. Fue su productor quien me dijo que habían planeado un proyecto nuevo y me iban a proponer una producción, pero desgraciadamente se quedó atorada.

De sus canciones, me encanta "Me gustas mucho". Me gusta desde que él la grabó con la Banda El Recodo. Hasta la fecha, cuando hay chance, la cantamos.

Tras su partida, yo lo veo como una imagen muy fuerte en la música. Como persona no puedo presumir de una amistad o mucha convivencia con él, más que ese día, que para mí fue suficiente. Fue un maestro en todos aspectos, fuera y dentro del escenario. Lamenté mucho su muerte. Yo ni siquiera creí la noticia. Entonces vi las imágenes y dije: "Ah, caray". Es feo, triste y difícil de aceptar, pero Dios sabe cuándo, a quién y cómo le toca. Desgraciadamente también el año pasado se nos fue Joan Sebastian. Ya van dos compositores representantes de la música mexicana, de los más importantes que hay. Me parece lamentable y difícil de entender, pero sólo Dios sabe. Ojalá vengan más artistas, más talentos que sigan tocando y representando a nuestra música.

Como homenaje, hace dos o tres años, metí mariachi a dos o tres palenques y otros eventos. En ellos yo hacía un popurrí de Juan Gabriel, Marco Antonio Solís, Joan Sebastian y Chente Fernández. A los cuatro les hacía dos o tres temitas. Como no tengo un show preparado, organizado, de repente metemos más canciones de él. Pero para hacerle homenajes ya están sobrando los artistas.

Siempre echamos la guasa

Paquita la del Barrio

Paquita la del Barrio. Detrás de la aguerrida intérprete de temas como "Rata de dos patas", "Tres veces te engañé", "Piérdeme el respeto" y "Me saludas a la tuya", se esconde una mujer sentimental. Hasta el día de hoy Paquita llora la muerte de Juan Gabriel, con quien compartió importantes escenarios en México y Estados Unidos.

onocí a Juan Gabriel en Estados Unidos, en el lugar donde trabajamos. Lo saludé en los camerinos. No platicamos mucho porque andábamos trabajando. A él le dio gusto conocerme y a mí también. Desde luego que ya nos conocíamos artísticamente. ¡Quién no lo conocía! En ese momento no platicamos, entré a trabajar y él se quedó en el camerino. Así es este negocio. No recuerdo el año exacto en que eso sucedió.

Después fui a Cancún y me invitó a grabar una canción en su casa. Ahí desayuné con él. Era una persona muy bonita; le gustaba guasear tanto como a mí, disfrutaba los dobles sentidos. Creo que yo le caía bien porque le recordaba a su hermana Virginia. Eso se lo dijo a Paquito, mi representante.

—Quiero mucho a la señora porque se parece a mi hermana, la que me crió —le dijo.

A mí me dio gusto cuando Paquito me lo comentó. Después de vernos en Cancún estuvimos juntos en el Auditorio Nacional, hace un año o dos. La invitación fue por medio de Paquito. Le hablaron, le dijeron que me invitaban a ver su show y pues fuimos. Fue maravilloso el momento en que estuve con él. Pero casi nunca platicábamos. Cuando yo me presenté en el Auditorio, entré directo cuando él estaba trabajando y, al despedirme, sucedió lo mismo, así que simplemente me fui. Despedí el evento con él y salimos del lugar. Es una lástima. Uno nunca piensa en qué decir ni se imagina que puede ser la última vez.

En Casa Paquita se cantan canciones suyas. Muchos de nuestros cantantes, Lucy Castillo, por ejemplo, interpretan sus canciones. Entre otras, "Amor eterno" y "El noa noa". En general, lo más conocido de su producción.

Dejamos pendiente una canción que grabé con él. Jamás supe cómo quedó la grabación, sólo que era para el disco de duetos. No alcanzamos ni a hacer el videoclip cuando fui a su casa. Hasta ahí me quedé. El tema que grabamos fue una canción que, por cierto, me regaló.

No me acuerdo si le llegué a decir inútil, pero él era de un carácter maravilloso. Yo creo que nos parecíamos en algo. Seguro era en lo divertido y que los dos echábamos mucha guasa. Él no se reía tanto, pero lo que decía te daba risa. Era fantástico. Después de Cancún ya no hubo

Siento que el país está triste.

tiempo para organizar una presentación juntos. Hoy lo recuerdo con mucho amor, porque era maravilloso, sin más.

Lo que canto de él es lo que me ha gustado siempre: "Te voy a olvidar", "La diferencia", "Amor eterno". Los temas que canto son escogidos, aunque todo lo suyo es muy bueno. Musicalmente nos dejó un gran legado. ¡Era un genio ese señor! Nada más de pensar cuántas canciones compuso y cómo se daba tiempo para todo, me hace admirarlo.

Atesoro su amistad. Cuando fui al Auditorio Nacional, me despedí de él y me fui. Paquito se quedó platicando con él y le comentó:

—Dile a Paquita que me hable para lo que necesite, que no le dé pena nada. Lo que necesite, estoy con ella.

Y con eso bastó para que me robara. El día que yo me fui de su casa, salí llorando. Lo quise mucho, fue algo muy especial, maravilloso. Su muerte nos cayó de sorpresa. Yo sigo igual, quiero decir, incrédula. De verdad, siento que el país está triste.

Cuando recibí la noticia estaba acostada. Ya ni me acuerdo quién me habló para decírmelo. Prendí la televisión y lo confirmé, pero todavía no me cae el veinte. Todo el mundo sigue tarareando sus canciones. Antes de que él muriera, en mis shows metía dos o tres canciones suyas. Uno siempre lo está recordando.

Una conexión maravillosa

Paty Cantú

Paty Cantú. Juan Gabriel escogió a una de las cantautoras *millennials* más exitosas para convertirla en su nueva María Félix. Juntos grabaron el tema "No discutamos", en una versión más dramática que la original. En el video pelean como si fueran amantes, aunque en realidad Paty lo admiraba, entre otras cosas, porque su madre era su fan y con él aprendió a llorar y a amar. Dos generaciones de mujeres, un mismo Juanga.

Trabajar con Juan Gabriel fue una experiencia increíble. La verdad es que esperaba convivir con él solamente un día, para grabar el video del tema que hicimos juntos. Y de repente me llegó la invitación para pasar tres días con él en su casa.

Me emocioné. Siempre había sido un personaje admirado por mí como cantautora, pero también como ser humano, por su gran corazón y las cosas que había demostrado a través de una vida libre, a través de exponer sus sentimientos, sus debilidades y su humanidad ante el mundo, con su música, sus entrevistas y sus aportaciones a organizaciones de beneficencia. Todo este conocimiento sobre Juan Gabriel me lo heredó mi mamá, la persona que yo más quiero en la vida. Entonces fue un momento en que sentí que estaba cumpliendo mi sueño y el de mi madre también, de alguna forma.

De hecho, la primera cosa que me dijo mi mamá cuando decidí dedicarme a esto fue:

—Bueno, pues espero que algún día me presentes a Juan Gabriel.

Entonces me emocioné. Llegué a su casa, me recibió en la puerta con una sonrisa y un abrazo. Inmediatamente fuimos a sentarnos y empezó a abrir algunos libros que tenía sobre compositoras mexicanas. Empezó a hablarme sobre mis propias canciones, a decirme cuáles le gustaban más y por qué. Y me quedé impactada. Me brillaban los ojos de emoción. Me mantuve callada, dándome cuenta de que todo eso que mi madre admiraba de él era cierto, y que había todavía mucho más. Porque un artista, el más grande compositor de Hispanoamérica, una persona que había hecho tantas canciones en su historia, que era querido por tantos, que representa a nuestro país artísticamente en tantos sentidos, sabía de mí y mencionaba mis canciones, estilos, y se tomaba el cariño y el tiempo para darme consejos.

Ya no me sentía como una artista que había ido a casa de otro artista, sino como una alumna entrando a casa de un maestro generoso. Estuvimos un buen rato sonriendo mucho y cantando. De repente me cantaba canciones a capela, cuando platicábamos historias y luego yo le cantaba un poquito a él. Estuvimos, creo, dos horas solamente hablando en ese sillón, riéndonos mucho y abriendo nuestros corazones. Fue una conexión inmediata, maravillosa. Y una experiencia que no se me olvidará nunca. Se me quedó grabado este consejo que he mencionado más de una vez:

—Recuerda que, como compositora, tu responsabilidad no es sólo hablar de ti misma, sino representar a una generación, contar cómo vive tu gente. Hablar de la vida de hoy y del amor.

Y se me quedó. Lo he llevado a cabo y nunca se me va a olvidar. Así que de alguna forma esos momentos de convivencia personal, pero también de abrir el corazón, se han convertido en una pequeña cátedra que llevo conmigo.

Supo ser de la gente y en su música estaba la humildad de aterrizar esos pensamientos y saberlos compartir.

Hablamos también de su madre, de mi madre. Fue generoso cuando le hablé de cuánto lo admiraba mi mamá y le describí específicamente por qué se sentía identificada con él. A él le conmovió y de inmediato me pidió que le avisara a ella que estaba invitada a pasar ese fin de semana con nosotros también. Me emocioné mucho por ese gesto.

Hablamos de tantas cosas, de los frutos de la tierra, del arte indígena. Estaba impresionada también de esa capacidad tan natural que él tenía de llevar tantos temas. Yo estaba tan nerviosa, pero después, insisto, se convirtió en una conversación natural. Hablamos de María Félix, mi parentesco con ella y de cómo compartíamos el amor no solamente por la música, México, la libertad y muchas otras cosas, sino también por algo tan sencillo y simple como el color verde.

La aportación de Juan Gabriel a la escena musical es una aportación de raíz, honesta, que representa a México en cualquier sentido y en todos sus colores y facetas. Ese amor y esa cultura reales. Ese conocimiento de su país, que sale de la miel de lo que representa la cultura mexicana, lo tenía clarísimo y a flor de piel.

Entonces creo que es bellísimo entender en cada una de sus canciones, todas tan distintas, una misma esencia. Y es la esencia de ese orgullo mexicano, de la honestidad de sus letras, pues detrás de cada canción hay una verdad. Por lo que pude platicar con él y por lo que sabemos todos de su carrera, hay verdades que son propias, hay verdades que son de gente que era muy allegada a su corazón, a su vida.

Cuando sus grandes amigos o amigas tenían una pena o un amor que expresar y no encontraban las palabras para hacerlo, él se las prestaba o se las regalaba. Ese fue, por ejemplo, el caso de la canción que hicimos juntos, "No discutamos", un tema que él le hizo a una persona muy querida, Lucha Villa. Nunca la había grabado en un estudio y la escogimos para hacerla juntos.

Me contó toda esa historia detrás: cómo él disfrutaba poder regalarle palabras a sus amigas, para que pudieran llorar sus penas o contar sus amores al mundo. Entonces, al final, creo que la musicalidad de cada una de las canciones de Juan Gabriel representa la cultura mexicana en todo su esplendor y en todos sus matices. Sus letras representan verdades dichas de la forma más honesta y más palpable que se ha conocido en la música en español. Cualquier persona puede entender una canción de Juan Gabriel, a pesar de que a veces hay complejidades detrás de cada una de estas historias. Hay verdades culturales, a veces tristezas profundas, tanto del corazón como del pueblo.

Siempre cuidó y siempre supo ser un genio de una forma terrenal, alcanzable para la gente, para que verdaderamente su arte pudiera compartirse. Porque al final yo creo que si el arte no se comparte, no cobra vida. Y el de Juan Gabriel cobró vida y se quedó en tantísimos corazones y generaciones. Por eso es un artista eterno y su música también. Supo compartir, supo ser de la gente y en su música estaba la humildad de aterrizar esos pensamientos y saberlos compartir, no quedárselos sólo para él, sino por el gusto de ser una persona emocional que tenía ganas de dar medicina del alma para el pueblo.

Cantar con el maestro Juan Gabriel fue maravilloso. Cuando hicimos la parte del estudio, realmente peleábamos. Peleábamos en la interpretación, quiero decir. Nos metíamos a la historia de una declaración de desamor, a través del tema "No discutamos", pero cada vez que terminaba la toma, tanto en el estudio como en la filmación del video, siempre había risas, abrazos, besos. Me besaba la frente, yo le besaba la mejilla, nos abrazábamos y no nos soltábamos. En la última frase de la canción, él me cantaba "ya no te amo" y siempre que terminaba me decía que sí con la cabeza. "Sí, sí, claro que sí te amo", decía.

Era verdaderamente maravilloso sentir cómo podíamos pasar por tantas emociones al mismo tiempo y hacer una pequeña novela de esta canción. Darle su lugar a la canción y después podernos abrazar y reconocer uno al otro. Me gustó cómo lo hicimos. A la hora de hacerlo en vivo, cuando recibí la invitación para cantar con él en los premios Billboard, fue también muy emocionante. Sabía que compartiríamos el escenario, Alejandro Fernández, Juanes, él y yo. Me sentí honradísima de estar incluida en este maravillosísimo cuarteto, en esta presentación que hacía un homenaje a la carrera del maestro.

En los ensayos, un día antes, fue increíble. Nos vimos desde lejos, nos sonreímos, abrimos los brazos y nos abrazamos. Empezamos a hacer nuevamente las pruebas, la interpretación, la pequeña novela de este tema. Nos reímos mucho los cuatro, pero él siempre concentrado y siempre profesional. Yo estaba impresionada con que podía ponerse el micrófono tan lejos de la boca y sonar tan grandioso como siempre.

Creo que para él eso siempre era un gusto: reconocer que la mujer mexicana es una guerrera.

Me dijo cosas maravillosas, que le gustaba esa *garra* que notaba en mi interpretación de la canción, que yo debía tener esa fuerza de mujer mexicana. Y creo que para él eso siempre era

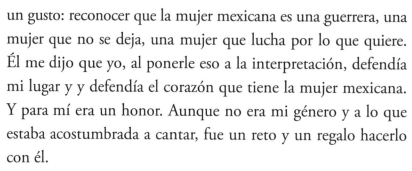

un gusto: reconocer que la mujer mexicana es una guerrera, una mujer que no se deja, una mujer que lucha por lo que quiere. Él me dijo que yo, al ponerle eso a la interpretación, defendía mi lugar y y defendía el corazón que tiene la mujer mexicana. Y para mí era un honor. Aunque no era mi género y a lo que estaba acostumbrada a cantar, fue un reto y un regalo hacerlo con él.

Finalmente, el día de la presentación, que fue el día siguiente del ensayo, pues… yo diría que lo hice un poquito mejor en los ensayos. Ese día me ganó la presión, porque empezaba yo sola. Después de presentar la semblanza de su vida, lo nombraban, se levantaba la pantalla y aparecía yo con la orquesta y el mariachi, pero sin él en el escenario aún. Y eso a mí me puso muy nerviosa. Pero fue muy bonito que, primero, antes de la presentación, me chuleó el vestido verde nuevamente. Y le dije:

—Me vestí de verde para ti, maestro.

Porque, insisto, compartíamos el gusto por ese color que representa tantas cosas lindas, como la vida. Y al final, aunque ese día no me sentí tan confiada como el día anterior, me besó la frente sin haberlo planeado. Y yo eso lo sentí como un: "Entiendo que tal vez estabas nerviosa, pero todo bien, mi niña".

Fue una experiencia maravillosa, bonita, y que le agradezco infinitamente porque, sin duda, el resto de mi vida se quedarán grabadas en mi corazón todas las imágenes de sus sonrisas, los momentos cantando juntos y esas palabras que me regaló.

He tenido el privilegio de compartir el escenario en vivo con el más grande y de haber sido invitada por él. Era una noche para honrarlo a él, pero creo que el honor fue de nosotros, los que pudimos compartir el escenario con él y bajo el escenario, también, viéndolo hacer lo que mejor hacía: magia con la voz y con el alma.

Cuando grabamos el video de "No discutamos", una de las escenas las hicimos en su teatro. En ese teatro había maniquíes, los mismos que se usó para el arte de *Los dúo 1* e igualmente para *Los dúo 2*. Primero estuvimos haciendo muchos chistes al respecto y tomándonos un montón de fotos con cada maniquí, poniéndoles nombres y haciendo historias. Fue muy divertido. Antes de empezar la grabación me pidió que alguien del maquillaje se acercara a marcarme el lunar que tengo al lado de la boca, pintarme la boca superroja, delinear un poquito más las cejas. Todo esto para reconocer el parentesco que tengo con María Félix –que al final es uno de mis apellidos también, porque somos familia por parte de mi madre–.

Y por eso es que salgo con el pelo de lado y la ceja más marcada. De repente me decía:

—Sube mucho la ceja.

Y lo hice en el video. Porque María Félix fue una de las personas que él más admiraba, creo que justamente por esa fascinación que sentía por mujeres mexicanas fuertes, que desafiaban a la época en tantos sentidos como lo hizo él. Al saber de todo esto, empezó a encontrar en mi cara algún parecido, tal vez, y quiso enmarcarlo. Si ven el video en esa parte, estoy maquillada diferente que en el resto del video y estoy haciendo un poquito más el arqueo de ceja. Y era, también, un poco, hacer un homenaje pequeño dentro del video a María.

Como una anécdota extra, en uno de los *breaks* del video nos fuimos a comer a su cocina y comimos aguacates, porque es una fruta que le encantaba y la verdad a mí también. Y de ahí vino la plática sobre los frutos de México: para qué eran buenos y de dónde salían, lo que representaban y desde qué época. Era impresionante, no había un solo tema del cual el maestro no pudiera desarrollar las raíces culturales. Y eso me impresionó también muchísimo, porque pensaba "¡Qué persona tan culta y tan inteligente!".

Me es casi imposible nombrar una sola canción favorita de Juan Gabriel, porque tengo muchas, por distintas razones. Sin duda, "No discutamos" es una de mis preferidas, porque nunca discutimos y quedó constatado en una foto eterna. La vida me regaló esa canción y él me concedió el privilegio de hacerla juntos. A través de esa canción conocí a un amigo y pude compartir un momento no sólo con él y el mundo, sino también con mi madre.

No había un solo tema del cual el maestro no pudiera desarrollar las raíces culturales.

Pero, por otro lado, "Amor eterno" es una canción que es muy especial para mi mamá. Es un tema que siempre me recuerda a ella y simultáneamente a él. Me recuerda ese miedo grande que tenemos todos de perder, porque inevitablemente un día u otro todos tenemos que perder. Es parte de la vida. Y a pesar de que tiene esta porción emocional, triste y difícil, cuando yo oigo esta canción también reconozco al amor más grande de mi vida: mi madre. Por eso, para mí, esa canción está más pegada a mi corazón.

Un beso de piquito

Verónica Castro

Verónica Castro. Desde que se encontraron en una fila migratoria en Venezuela, hasta el final de su vida, Juan Gabriel mantuvo una amistad especial con ella, una de las estrellas más grandes que ha tenido México. Juntos tenían una química fuera de este mundo. Cuando aparecían ambos en la pantalla, todos nos quedábamos sin palabras, porque hacían lo que querían con el público. ¡Qué par de angelados!

Juan Gabriel y yo nos conocimos en el 71 y yo empecé en el 66. Él comenzó su carrera un poquito después de mí, pero anduvimos muy al parejo. Nos fue muy bien, a él en su rama y a mí en la mía, pero gracias a Dios caminamos muy juntitos. Cuando nos encontrábamos hacíamos una mancuerna explosiva y siempre teníamos una chispa muy especial. No sé, como que teníamos un clic y un enganche.

Nos conocimos en la embajada de Venezuela, haciendo cola para sacar el permiso para entrar al país.

—Tú eres artista, ¿verdad? —le dije.

—Sí —respondió.

—¿Y qué haces?

—Soy compositor.

—Ah, pues qué bueno. ¿Y conoces Venezuela? —le pregunté.

—No, no he estado. ¿Y tú?

—No, pos tampoco.

—Ah, pues vamos a conocer. Dime dónde vas a estar y ahí nos vemos o nos hablamos, si no tienes nada que hacer.

Le di el nombre del hotel en el que me iba a quedar y le pedí que me llamara cuando estuviera allá. Así fue. Nos vimos, fuimos a dar una vuelta y estuvo perfecto. Pero nunca nos imaginamos que tantos años después nos íbamos a reencontrar. Y fue muy lindo, la verdad. Nos vimos en el programa *Mala noche no*. Le tomaron muchas fotos en esa ocasión. A ese programa al que llegó ya siendo él, nos acompañaron un montón de fotógrafos que representaban a muchos medios. Todo el mundo quería escucharlo porque era la novedad.

Entonces fue un gran escándalo, porque al día siguiente era el informe del presidente y resultó que todos los políticos que tenían que estar puntuales en el discurso, llegaron desvelados y dijeron: "Pensábamos quedarnos hasta las 12 o una de la mañana, pero esto se siguió a las cinco o seis y pues ya no dormimos. Estaba bueno el programa, muy divertido. Juan Gabriel estaba chistoso y Verónica también".

El comentario de todos los políticos en esa ocasión fue: "¿Viste anoche a Juan Gabriel?". Y por eso se hizo todavía más grande el escándalo en ese tiempo, pero nos fue muy padre. Nunca lo preparamos específicamente para que sucediera. Todo fue casual, se dio con naturalidad. Fue una noche inolvidable para todo el mundo, porque todo el mundo lo vio.

Juan Gabriel y yo hablábamos como amigos, sí. Cuando nos encontrábamos nos decíamos:

—¿Cómo estás?

—En friega y tú, ¿cómo andas?

—Cansada.

—¿Y tú qué tienes?

—Pues tengo que ir a tal lugar.

—¿Y sigues comiendo carne?

—Sí, sigo comiendo carne. ¿Y tú sigues comiendo yerbitas?

Pero no era una plática sobre lo que trabajaríamos juntos.

Lo de la película *Nobleza ranchera* también se dio natural. Él pidió, por ejemplo, que si era posible incluir a Sara García en el reparto, porque quería conocer a las dos principales estrellas de cine que eran el señor Moctezuma y Sarita García. La verdad cuando los juntaron y me compartieron el elenco, dije: "Claro, por supuesto. ¡¿Dónde firmo?!"

Nos fuimos a la frontera. Ahí hicimos la película con tres pesos. Terminamos muy contentos y entonces cada quien pa' su casa. No nos imaginamos qué iba a pasar. Luego vino otro trancazo. Y así fuimos caminando, de trancazo en trancazo. Pero cuando nos encontrábamos, decíamos: "Bueno, ¿y ahora qué va a pasar?".

En el Teletón de 2003 pensaba que no llegaríamos a la cifra. Al final lo conseguimos y la rebasamos por muchísimo. Y cuando llegó él, me dije: "Lo voy a presentar nada más así y que le eche ganas, porque ya no tenemos más artistas". ¿De dónde jalábamos más? Era el cierre y no llegábamos al final. ¡Pues llegamos perfecto al cierre! El Estadio Azteca estaba a reventar y entonces él me dijo:

Ya no había ni programa y nosotros seguíamos con el estadio lleno.

—No se quiere ir la gente.

Pedí que cerraran la programación porque ya se había terminado el Teletón. Luego le dije:

—La gente sigue ahí. ¿Te avientas, le sigues?

—Claro que le sigo. Si la gente está allí, yo tengo que seguir —respondió.

—Pues me quedo yo también. Aquí me quedo contigo.

Y ahí estábamos los dos loquitos, payaseando con que "99, la colita se te mueve". La gente se divertía cantando canciones. Y entraba yo y mandaba saludos. Ya no había ni programa y nosotros seguíamos con el estadio lleno. ¡El Estadio Azteca lleno!

Y entonces los dos decíamos: "¡Qué raro! ¿Por qué cada que nos juntamos, algo pasa?". Efectivamente, los dos teníamos un buen clic, porque no se puede llamar de otra manera. Nunca lo preparamos. Nada de lo que hicimos lo organizamos con tiempo ni lo pensamos, se dio solo en la vida. Eso es lo que más me gustó, que siempre salió muy espontáneo todo lo que hicimos en nuestros caminos.

Durante el Teletón, Juan Gabriel ya me había dicho que tenía un viaje, porque debía trabajar al día siguiente. Ya avanzado el show, me contó:

—Ya me voy porque no voy a dormir nada y tengo que llegar a hacer la maleta y de ahí al aeropuerto.

Entonces me dije: "¿Qué hago?". Era cuando existían todavía los teléfonos rojos. Le hablé al jefe y le dije:

—Señor, creo que van muy bien las llamadas. Son montones de llamadas y la gente sigue pidiendo a Juan Gabriel. ¿Qué hago?

—Síguete, ¡está buenísimo el programa! Lo estamos viendo acá. Tu síguete, la televisión es tuya —me contestó.

Entonces con mucho nerviosismo le contesté al patrón:

—Juanga ya no puede seguir, porque se tiene que ir a trabajar a las ocho de la mañana.

—No, no. Yo le mando el avión para que él salga a la hora que quiera —dijo él.

—¿Qué avión?

—Mi avión —me dice—, ¿qué más quieres?

—Ah, bueno, pues está perfecto, señor —le dije.

Luego fui con Juan Gabriel a contarle.

—¿Qué crees? El patrón dijo que te quedes, que no importa y sigas hasta el final. Dijo que a la hora que se te dé la gana, él te manda en su avión privado con la gente que tú quieras.

—¿De veras? —dijo él.

—¡Claro! ¡Te conviene! Si yo pudiera, me trepaba en ese avión para por lo menos conocerlo.

Entonces me dijo:

—Va. Órale.

Hasta el maestro Magallanes me dijo:

—Oye, ¿entonces me voy a llevar a mi esposa?

—Claro, maestro. Súbanse todos porque ya dio chance el patrón.

Estuvo increíble. Esperaron a que terminara el espectáculo, los subieron al avión, se fueron tranquilos, y todo salió muy bien. En esa ocasión fue cuando dijo:

—Yo quiero comprarme un avión.

Ese Teletón fue maratónico y el beso que nos dimos fue muy polémico. Me decía Cristian:

—Mamá, ¿le diste un beso?

—No me acuerdo ya, hombre. ¿Qué me estás diciendo? —le decía.

—Mamá, le diste un beso. No digas que no.

Fue la única vez que Cristian me ha visto dar un beso de amigos, de compañeros, de piquito. Porque yo lo quería mucho y él me quería mucho. Éramos como hermanos que se adoraban. Además él me caía *rebien* y yo también le caía *rebien*. La verdad no recordaba el beso de piquito hasta que me lo mandó Cristian. Le dije:

—No puede ser, no me acordaba ya del besito. Yo a nadie le he dado un piquito nunca. ¡Nunca!

—Ah, para que no digas mentiras, que nunca has dado un beso nada más así.

—Bueno, ¿pues qué? Era mi amigo, mi cuate. Nos caíamos bien, ¿entonces por qué no? Además estaba *reguapo*.

Pero la verdad, fue tierno, diferente, limpio. Fue como di-

ciendo ante el público: "Nos queremos, estamos bien, estamos para el público y se están divirtiendo". Nada más.

A Cristian lo llamó y lo invitó en alguna ocasión a ir a su rancho, a la mera frontera. Juan Gabriel había construido ahí una casa muy linda. De hecho, creo que tenía una habitación con el nombre de Cristian. Cuando me llamó, me dijo:

—Mami, allá hay una habitación a mi nombre. Quiere que me vista de indito y me va a sacar unas fotos.

Y le tomó fotos y ¡no sé cuántas cosas! Yo creo que lo llamó con la intención de saber más. Ha de haber pensado: "A ver qué tanto canta este niño". Le encantaba Cristian. Decía:

—¡Ay, pero qué voz!

Le encantaba para todo lo que él organizaba. Siempre que hacía un espectáculo grande en el Auditorio o alguna cosa importante, lo llamaba. Y Cristian siempre contestaba con un: "claro que sí", porque era su admirador.

—Mamá, es que sus canciones dicen cosas —aseguraba mi'jo.

Entonces siempre fue una relación muy familiar, amistosa y sin ninguna maldad ni ánimos de sacar algún tipo de ventaja. Nos reuníamos por el gusto de disfrutarlo a él y su compañía. Su muerte fue una gran pérdida, caray. No lo esperábamos. Nos faltó un cachito más de él. Nos hizo falta un cierre maravilloso, porque sí lo daba perfectamente bien, pero estaba cansado. Ya no era fácil para él, por lo que vi. Y estaba sufriendo con todo eso que le pasaba, y que yo no sabía. Porque uno ve lo que le muestran, pero no lo que está detrás. Y él ya estaba fastidiado. Yo creo que está en un mejor lugar y Dios quiera que algún día lo alcancemos.

Lo voy a recordar con cariño y respeto. Con un enorme cariño de corazón, porque nuestro clic siempre fue de éxito. Siempre tuvimos una buena vibra. Siempre me quiso bien, lo quise bien y triunfamos en lo que hicimos juntos. En pocas palabras, Juan Gabriel fue un ser especial, único.

Te doy las gracias

Aída Cuevas

Aída Cuevas. Se ha ganado un lugar en la música por mérito propio gracias a su fantástica voz. Pocas mujeres cantan con la clase de Aída. Fue una de las musas de Juan Gabriel y se quedó con un extraño récord histórico: tres propuestas matrimoniales del Divo de Juárez. Prefirió tener un nombre propio a ser "la esposa de", pero los rechazos no fueron obstáculo para una gran amistad que duró 30 años e incluyó paseos en bicicleta y maratones de películas de Tin Tan.

uando conocí a Juan Gabriel yo tenía 14 años y era modelo de Pedro Loredo. Me dedicaba a cantar y a modelar. Un día lo invitó Pedro —debe haber sido en el año 76— y me pidió que le cantara una canción. Él estaba apenas triunfando con "No tengo dinero", entonces interpreté "La tequilera" y luego él me correspondió con un tema suyo.

Después me invitó a su cumpleaños, que era el siete de enero, en su casa de Tecamachalco. Yo llegué con mis papás y había muchísima gente. No hubo un acercamiento ni una amistad, ahí no nació nada más fuera del agradecimiento por haberme invitado. Pasaron cinco años y él me buscó por medio de la disquera en la que yo grababa, que era Discos Melody. La razón fue que un año antes me había hecho todo un disco con temas inéditos. Eso me sorprendió mucho.

Entonces llegué a Los Ángeles, a Santa Mónica, precisamente la ciudad donde él murió. Me recibió muy amable en otra casa que él tenía por entonces. Tardamos un año en hacer ese disco y convivimos todo ese tiempo en su hogar. Ahí empezó la verdadera amistad entre nosotros. Fue en 1982. Tuve la bendición de que me quisiera y me tuviera presente en muchas de sus celebraciones. Nos mandábamos mensajes con frecuencia. Él no usaba WhatsApp ni nada de eso; todo era por correo. Tengo el honor de haber sido su amiga y, sobre todo, el honor de saber que Juan Gabriel me admiraba realmente. Él tenía fotos de María Félix y de Lola Beltrán. ¡Eran las dos mujeres más grandes de México! Cuando a mí me regaló ese disco con canciones inéditas, me sorprendí. Recuerdo que pensé: "¿Cómo es posible que, estando doña Lola, me regale a mí los temas? ¡A la que admira es a ella!" Fue algo muy bonito.

Yo viví ese año en el que compuso canciones para Lucha Villa y Rocío Dúrcal. Allí descubrí mucho material de Juan Gabriel que él mismo me cantaba. Yo le decía:

—¡Ay, mejor déme esa canción!, se la cambio por la que le di —siempre nos hablamos de usted.

—Nada de "se la cambio", si aquí no es trueque —me decía—. Yo ya le hice esto y pensaba en usted, así que con eso es con lo que se queda.

Juan Gabriel era un hombre sin vicios. No fumaba, no tomaba; hacía mucho ejercicio. Por ejemplo, un día me dijo:

—¿Sabe andar en bici?

—Claro, pues yo creo que todos sabemos andar en bici.

¡Pero no con su condición física! Bajamos toda la colina de Santa Mónica hasta el mar. ¡Uy, él lo hacía hasta sin manos! Tenía 19 años. Cuando llegamos al mar vimos la puesta de sol y estuvimos los dos acostados en la arena. Él todavía contaba con el privilegio de que la gente no lo reconociera tanto, entonces podía salir como cualquier persona. Luego, cuando ya se hacía de noche, me dijo:

—Vámonos de regreso. Ahora súbase la colina en bicicleta.

¡Yo ya no podía! Entonces me dijo:

—¡Pues no que sí sabía andar en bici!

—Pues sí sé andar, pero no tengo condición —le contesté.

¡Y él con una resistencia bárbara! Tardamos tres horas en subir a su casa. Cuando llegamos, prácticamente me desmayé porque había sido un exceso. Él se asustó mucho. Me inyectaron, me pusieron vitamina B12. Su representante en ese momento, la señora María de la Paz Alcaraz (¡señorona hermosa!) fue quien me inyectó. Y bueno, puedo contar tantos detalles como ese.

Llegábamos de grabar a la una o dos de la mañana. Yo lo que quería era dormir, porque soy muy dormilona. Él me acondicionó una habitación en su casa, muy bonita. "Buenas noches", nos despedíamos. Y a los diez minutos oía que tocaban la puerta.

—Aidísima, ¿puedo pasar? —entonces me traía cereal a la cama. Ese tipo de detalles no los voy a olvidar nunca. Siempre se preocupaba de que no tuviéramos hambre y estuviéramos bien atendidos. Era un gran anfitrión.

Durante ese año aprendí de su disciplina: no drogas, no abuso de alcohol y mucho ejercicio. Él siempre ensayaba por las noches. Cuando no grabábamos los fines de semana, era la una de la mañana y se ponía a mostrarme el show que iba a dar.

—¿Cómo ve este paso? ¿Le gusta esto?

—¡Ay, sí! —contestaba yo, y la pasaba fascinada echándole porras.

Entonces aprendí que él no era un hombre improvisado, que siempre estaba tratando de estar al cien, para que el día de su presentación lo hiciera de la mejor forma posible. Entre mis últimos recuerdos suyos, atesoro la ocasión en que me invitó a su gira en Estados Unidos —en la que se enfermó— hace casi tres años. Convivimos mucho. Era muy gracioso y siempre tenía un humor negro encantador. Un día entró a mi camerino. Yo estaba con unos compadres de Chicago y le pedí a uno de ellos:

—¿Puedes abrir la puerta?

Él abrió, pero puso una cara… Lo vi de perfil y dije:

—¿Quién se le apareció?

Era Juan Gabriel.

—Mi reina, ¿puedo pasar?

—Sí, claro.

Yo me levanté y los presenté. Nos sentamos en un sillón y me dijo:

—¿Qué están haciendo?

—¿Le digo la verdad, compadre? Estaba viendo las redes sociales. Yo sé que usted no maneja. ¡Y por ahí ya hasta lo están matando! Me da mucho coraje que digan que usted ya está muerto.

Pero él lo tomó con sentido del humor.

—¿En serio pusieron eso? A ver, vamos a tomarnos una foto. Usted, compadre, tómela.

Entonces nos tomó una foto en donde él se hace el muerto. Yo salgo viendo hacia la cámara y él haciéndose el muerto. Y me dijo:

—Póngale al pie de la foto: "Aquí en camerinos, descansando en paz".

Tenía ese humor negro divertidísimo… Pero abajo del escenario, porque arriba era un rey. Todavía conservo la foto y muchos recuerdos así.

Sobre los escenarios, Juan Gabriel me dio la oportunidad de acompañarlo durante dos meses consecutivos. ¡Me daba un nerviosismo espantoso! Me imponía tanto… Porque yo veía cómo el público se le entregaba. Y él no te hacía abrir su show. Jamás hizo eso. Él te daba el honor de participar a la mitad del espectáculo. Siempre fue dadivoso a la hora de compartir un escenario. Jamás le vi celos. Al contrario, él quería que salieras y te lucieras.

—A ver, mi vida, ahora vas a ir de vestido —me decía. ¡Y me regalaba vestidos para que yo los llevara en el escenario! También decía:

—¿Cuál canción quiere cantar? Pongan esa canción —ordenaba.

Él te decía todo. Yo me ponía de acuerdo con el mariachi y, la última vez que lo acompañé, el 20 de septiembre de 2015 en el Auditorio Nacional —que estaba hasta el gorro— me fui de charra, cosa que a él no le gustaba. Me quería ver muy femenina. Después de que canté la primera canción, no me dejó salir. Empezó a decirle a la gente:

—¿Verdad que no se puede ir?

Llegué a la conclusión de que era un hombre que quería cuidarme. Él no quería que yo sufriera.

Terminé cantando cinco. O sea, ¡qué generosidad! La gente iba a verlo a él, pero él provocaba todas esas reacciones en el público. "No, no, no la podemos dejar ir", decía. Entonces sé que fui de las pocas artistas a las que les dejó cantar tantas canciones. Aprendí que quien es grande no necesita ni ser sangrón ni envidioso en escena. Todo lo que él te podía dar, tanto abajo como arriba del escenario, te lo daba.

Juan Gabriel se dio a conocer como compositor, sus letras y su música le llegaron al pueblo. Son canciones que escuchas y piensas: "¡Chin, eso es lo que quería decir! ¿Por qué diosito no me dio ese don, esa habilidad?" Las suyas son letras sencillas, pero tan llegadoras...

Con respecto a Juan Gabriel como cantante, tenía una gran voz, pero él nunca quiso tomar clases de canto. Y yo se lo decía: "Compadre, vocalice, le va a rendir más la voz". Pero aún así alcanzaba unas notas tremendas. Tenía un asombroso registro: con bajos de hombre y altos de mujer. ¡Su registro era muy grande! No sé qué tesitura tendría, debe haber sido tenor, porque alcanzaba esos rangos. Cantaba en mi tono. Yo decía: "¡No es posible!"

Como *showman*, al momento de cantar, bailaba. Era un hombre completo, en toda la extensión de la palabra. Porque además de eso tenía el ángel y el carisma de un hombre tocado por el dedo de Dios. Ese era Juan Gabriel.

Y justo ese hombre me propuso matrimonio. No sé por qué lo hizo, pero fue un honor. ¡En tres ocasiones! Yo ni lo provocaba, lo juro por Dios. Cuando me pidió matrimonio la primera vez, ya estaba casada. Era el padrino de mi hijo, era mi compadre, entonces yo decía: "¿Qué pasa?". Y le he dado muchas vueltas. Llegué a la conclusión de que era un hombre que quería cuidarme. Él no quería que yo sufriera. En ese tiempo tenía problemas muy fuertes con el papá de mis hijos, a nivel de golpes. Y Juan Gabriel era mi paño de lágrimas. Yo llegaba y le contaba chillando:

—Ahora me hizo esto su compadre.

Entonces, un día me dijo:

—Sálgase de esa casa. ¡Sálgase! Yo me hago cargo de usted y del niño. Es más, no se salga como si un fuera un rapto. No, yo me caso con usted. Cásese conmigo.

La verdad es que yo estaba enamorada del papá de mis hijos —aparte de todo, taruga, la verdad—, pero me decía a mí misma: "¿Cómo un compadrazgo? Esto no debe pasar". Pero él siempre estuvo ahí. Pienso que fue por protegerme, más que porque yo le gustara.

Cuando terminé de grabar mi disco, me casé y fue cuando me embaracé de Rodrigo. Y entonces yo lo frecuentaba. En muchos momentos él fungía más como papá del niño que el propio padre. Me sobaba la panza, le cantaba a mi vientre y platicaba con mi bebé. "Todas las mañanas que entra por mi ventana el señor sol...", le cantaba. Y yo creía que era un gran honor para mi hijo.

A los dos días de que Rodrigo había nacido, fue a verme al Hospital Inglés. ¡Armó un alboroto! Iba acompañado de María Sorté. Me habían hecho cesárea, entonces mi mamá se quejó con él:

—Fíjese que Aída no se quiere levantar. Le duele mucho la herida.

—¿Cómo que no se quiere levantar? A ver, ¡párese!

Entonces me levantó y me llevó hasta los cuneros. Y ahí iba yo toda adolorida, porque más valía que lo obedeciera.

—¿Cuál es su bebé?

—Pues es éste, le dije.

—¡Ay, mire nada más! Está más hermoso que un ángel.

Quién sabe qué tanto le decía al niño. Era un poeta.

—Dios se lo bendiga.

Me dijo tantas cosas hermosas ese día que cuando dimos la vuelta hacia la habitación, le dije:

—Le quiero pedir un favor.

—Lo que usted quiera —me respondió.

—Quiero que sea el padrino de mi hijo.

—¡Uy! —me dijo— Es un honor. Será mi primer ahijado. ¿Cuándo?

—¿Cuándo está aquí en México? —le dije yo.

—Voy a empezar a hacer una serie de presentaciones en El Patio. Voy a estar aquí a partir de julio. Es más, quiero que usted cante conmigo. Entonces ya se habrá puesto bien. ¡Ándele!

Fue cuando hice dos meses de presentaciones con él y en ese tiempo bautizamos al niño, el 10 de julio. Ahí nos hicimos compadres y nuestra relación se hizo más fuerte. Aunque voy a ser sincera: no era buen padrino. Cuando en algún cumpleaños le llegó a hablar a Rodrigo, sonaba el teléfono y me decía:

—Mi reina, ¿dónde está mi ahijado? ¿Cuántos cumple?

—Ay, compadre, qué bueno que se acuerda de que tiene ahijado —le contestaba.

—Lo siento, mi reina. Eso es lo malo de escogerle un padrino famoso.

—Tiene usted toda la razón —le respondía.

Estuvimos con él a principios de este año y se portó increíble con Rodrigo. Le dio muchos consejos. Platicó con él todo el tiempo que no habían podido hacerlo. Le brindó muchas horas. Y yo se lo agradezco, porque no sé si él presentía que se iba, pero le dedicó a mi hijo los 14 días que estuvimos en su casa. Le dio muchas sugerencias de cómo debía grabarme, de lo que quería que hiciera con los temas que me dejó. "Quiero que estos sean así y así", le decía. Le dio indicaciones, cosa que, de verdad, nunca había hecho. De alguna manera creo que recuperó el tiempo. Para mi hijo, que es músico, fue algo increíble.

Tratábamos a su padrino en las giras. Él lo veía con frecuencia. "Padrino", le decía siempre. "¡Ahija'o!", respondía el otro, porque no le decía "ahijado" sino "ahija'o".

—¿Y mi "ahija'o" cómo está, comadre? ¿Oiga, y quién le hizo este disco?

—Rodrigo —contestaba yo y él se asombraba.

—Él es el productor. Pero, ¿quién hizo los arreglos?

—Rodrigo.

—¿Y quién escogió los temas?

—Rodrigo.

—Oiga, no. ¡Pues éste ya salió mejor que yo! —me decía.

Sí teníamos mucho contacto, pero esto último que mi hijo vivió con él a principios de este año fue maravilloso. Lo guió como un padre, antes de que Rodrigo tuviera su primer niño. Le dio consejos como los que un papá le hereda a su hijo.

Juan Gabriel fue una especie de figura paterna, incluso para mí. A mí me cobijó mucho. Él no era de dar dinero, no. Ni tampoco yo se lo hubiera recibido porque, a Dios gracias, yo siempre he podido salir adelante con mi carrera. Pero él era de apapacho, de cobijo. "La invito a comer. Mire lo que le compré", por ejemplo. Él era así.

Arriba del escenario me dio muchas recomendaciones. Desde cómo me tenía que mover hasta la dicción de las canciones. Una de las grandes cosas que él me dejó fue presentarme a María Félix y a muchos amigos, sobre todo a Jesús Salas, que es su ángel guardián. Me permitió estar cerca de ellos. ¡Me dejó tanto! Gracias a Dios.

Pero en el escenario era horrible, porque era el hombre más perfeccionista que yo he conocido. ¡Impresionante! Nada le podía salir mal. Y si algo ocurría, se autocastigaba. A mí en el mero escenario me hacía ver las cosas.

Cuando yo salía, me decía:

—Acuérdese de la letra, mi reina. Estúdiela, porque no la va a leer.

—Sí, señor. No la voy a leer, ya me la sé —le respondía yo.

En el escenario no le decía compadre. Le decía señor o maestro. Tengo un video en el que estamos cantando en El Patio. Cantábamos: "Yo no sé a qué has venido…", una canción que él me dio. Y, para entrar, él siempre dejaba que la música pasara. No podías entrar de inmediato. Y eso no lo entendía. Yo tenía 19 años y simplemente no lo entendía. Entonces, de repente, un día decidí arrancar antes. ¡Ay, virgen de Guadalupe! Me echó unos ojos… como diciendo: "¡ya la regaste!". Y yo me quedé callada. Luego los dos empezamos bien, al mismo tiempo. Fue de miedo. ¡Era un hombre muy exigente! Le gustaba dar lo mejor y aprendí mucho de eso.

En el escenario no le decía compadre. Le decía señor o maestro.

Con su muerte, a mí se me fue un hermano. He llorado mucho, tuve depresión y los ojos hinchados muchos días. Cuando le canté en su homenaje fue de lo más hermoso que me ha sucedido. Lo voy a extrañar a él, y no como Juan Gabriel, lo juro. A él, a sus mensajes (tantos que tengo). A sus recomendaciones tan atinadas, porque me daba consejos en el escenario y abajo de él. Eso es lo que más voy a extrañar. No creo que alguien pueda llenar su lugar. Hubo un Agustín Lara, ese gran maestro que dejó un gran legado. Vino José Alfredo Jiménez y pensamos que nadie podría alguna vez dejar de cantar sus canciones. Luego llegó Armando Manzanero, que a lo mejor hace lo mismo, pero diferente. Cada quien tiene su lugar.

Cuando Juan Gabriel hizo "Se me olvidó otra vez", el maestro José Alfredo le dijo que esa canción debió de haber sido de su inspiración. "Usted me la robó", le dijo José Alfredo. De verdad. De todo lo que empezó a componer después y de las dos mil (o no sé cuántas) canciones que tiene, el 90 por ciento son éxitos. ¿En cuántos idiomas se han grabado esas canciones? ¿Cuántas personalidades las han cantado? ¡Hasta Plácido Domingo! Todo el mundo ha interpretado un tema de Juan Gabriel. ¿Quién no se sabe una canción suya? Y no digamos en México.

Yo me acuerdo que en el año 77, cuando fui por primera vez a España a cantar, mi mamá y yo tomamos un taxi. Cuando nos subimos, el taxista nos preguntó:

—¿De dónde son?

—Somos de México —dijimos.

—¿De la tierra de Juan Gabriel?

¡Eso fue en 1977, no hablo de hace poco! A últimas fechas, Juan Gabriel era un ídolo en España, Venezuela o Colombia. En todas partes lo era y en todas partes saben que Juan Gabriel era mexicano, alguien que le dio ese reconocimiento musical a México ante el mundo.

Pero se fue y dejamos pendiente un disco, caray. Un disco completo que me iba a hacer. Tengo 42 temas que él me regaló. No son todos inéditos. Debo tener como seis inéditos, que son bastante valiosos. Otras son canciones suyas que casi no se conocieron. Y además tengo algunos que grabó doña Rocío, doña Lucha y mucha gente. Él me dijo: "Quiero oírselas en su voz". Teníamos un proyecto. No lo puedo comentar, porque lo voy a hacer, pues sé que eso es lo que él hubiera querido. Dejó las canciones escogidas, con tonos y con todo. Y se lo voy a hacer, con el favor de Dios. Es algo diferente a lo que he hecho.

Grabamos un dueto a principios de año, el maestro Gustavo Farías podrá corroborar que es, en verdad, un tema muy bonito. Pertenece al tercer disco de duetos, que además celebra sus 45 años de carrera. Él me dijo que ahí es donde me iba a incluir, porque lo haría con sus amigos más queridos. La familia va a decidir dónde y cuándo va a salir.

Tampoco digo que todo fue color de rosa, porque muchas veces me regañó. Otras tantas me hizo chillar, no voy a decir que no. Pero el maestro me dedicó un tiempo tan valioso, que creo que soy una mujer privilegiada y agradecida. No nada más me dio su tiempo, sino su amistad y su cariño. A las personas hay que recordarlas bien, cuando ya no se pueden defender. "Usted cuando vaya a hablar de alguien, hable poco y hable bien, porque eso es lo que queda", así me decía.

Su fan
y su chofer

Carlos Cuevas

Carlos Cuevas. Nada podía igualar la temporada de conciertos de Juan Gabriel en El Patio, el centro nocturno de la calle Atenas número 9. Carlos Cuevas, que por entonces formaba parte del entorno más cercano del cantante, fue testigo de esas noches. Pero hay algo mejor, Carlos fue el chofer que condujo al maestro por todo México cuando prefería los trayectos por carretera a los aviones.

*C*onocí a Juan Gabriel cuando tenía 17 años en la casa de Los Ángeles, en Santa Mónica, porque Aída, mi hermana, grabó un disco con él. Yo siempre acompañaba a Aída a todas partes, no nada más como hermano, sino como su ayudante. Yo le planchaba, le ponía sus tonos al mariachi con la guitarra, y todo.

—Vámonos a Los Ángeles, porque voy a grabar —me dijo Aída.

Estuvimos un tiempo en casa de Alberto y yo era su fan número uno. A mí me encantaban sus canciones desde que era chavo, obviamente desde antes de que lo conociera. Hicimos buenas migas y ahí corrió la amistad, o como se le pueda llamar a eso que nace del fan hacia el artista. Total que en una ocasión, le dije:

—Alberto, invítame cuando cantes. Yo te acompaño a todos lados.

—¿De veras?

—Sí, porque quiero aprender —le respondí.

Primero nos aventamos tres meses en El Patio y yo iba diario a verlo, porque además Aída también se presentaba allí. Incluso cuando ella terminó su compromiso, yo seguía yendo a verlo. Aprendí muchísimo de él. Yo era parte de su equipo. Entraba a camerinos y le llevaba cosas. Por ejemplo, me pedía:

—Ve a llevarle esto a los maestros.

De ahí nos íbamos a su *suite* en el hotel Fiesta Americana, porque él, después de su show, todavía tenía cuerda. Íbamos con Chamín (Correa) cantando y tocando la guitarra. Los tres cantábamos junto con otros personajes.

Esa fue la primera temporada. Durante la segunda temporada en El Patio, él acondicionó una *suite* atrás, pues era un camerino feo. Entonces, en lugar de ir al Fiesta Americana, nos quedábamos con todos los que llegaban. ¡Ahí conocí a María Félix! Daniela Romo, María Victoria y muchas otras personas llegaban también. Ahí nos presentaba sus discos antes de que salieran.

Yo tenía menos de 20 años y ahora tengo 52. ¡Estaba bien chavito! Él ya era muy famoso; llenaba El Patio todos los días, de martes a sábado. ¡Pero llenaba en serio! Había gente que se quedaba fuera. A mí, como me veían muy cercano a él, los cuates me pedían conseguirles mesas, porque siempre estaba saturado.

Viví con él muchas cosas. Unas muy raras, muy padres. Yo le chofereaba siempre. Nos íbamos a Veracruz y él me iba cantando o platicando cosas. Una vez íbamos a Guadalajara un palenquero, él y yo porque se iba a presentar en el palenque de La Barca, Jalisco. Pasábamos por San Juan del Río y me dijo:

—Párate aquí, Carlitos, porque nos vamos a echar unos tacos de carnitas.

Yo no sabía que era vegetariano, nunca me lo dijo. Quizá eso fue después. Nosotros siempre comíamos juntos y él comía carne y de todo.

No le gustaban los aviones, por eso me pedía que lo llevara a todas partes. ¡Nos fuimos en camioneta hasta Torreón! Él tenía una van padrísima, que yo estoy casi seguro que se la compró al licenciado Fuentes León, quien era el suegro de Jacky Bracamontes. Yo los presenté a ellos y a Yolanda Esparza, una señora muy rica que me contrataba mucho. Alberto entabló amistad con ella y yo era el enlace. Una vez me dijo:

—Dile a Alberto que si quiere venir a comer. Se va a presentar en Toluca, en la plaza de toros y después, vénganse a la casa.

Yo le pasé el recado a Alberto y él contestó:

—Sí, cómo no. Pero que no haya mariachi.

¿Qué no tienen guitarra aquí? Es que les quiero cantar.

Entonces le avisé a Yolanda. Terminando el palenque, nos fuimos para allá. Y en el camino, me dijo:

—Ayer compuse una canción y la voy a terminar allá en Toluca.

En el camino me la venía cantando. Fue un privilegio, la neta. Llegamos a la casa de Yolanda y él pidió una guitarra. Dijo:

—¿Qué no tienen guitarra aquí? Es que les quiero cantar.

Estuvo cantando como dos horas y yo, acompañándolo con la guitarra. Ahí estrenó "Costumbres" ¡Qué privilegio haber presenciado eso!

Íbamos a su casa en Tecamachalco, donde tenía un departamento muy bonito. Durante su vida cotidiana, cuando vivía aquí, yo lo seguía por todas partes. Lo alcanzaba en Monterrey, él me mandaba el boleto de avión para ir, y luego a Tijuana. Lo seguía después por toda la Rumorosa, en los palenques de Tecate, Mexicali y Tijuana. En Monterrey estuvimos con Rocío Dúrcal. Aída cantó también ahí. A los dos días se presentaba en el palenque Rocío Dúrcal y el sábado Juan Gabriel. Entonces nos quedamos a verla primero, y después a Alberto. Ahí puso a cantar a Aída y a Rocío. Fue muy bonito. Nos regresamos juntos en la limusina todos. Después nos fuimos a su *suite* y seguimos platicando. Luego nos corrieron. Nos dijeron:

—Niños Cuevas, ya váyanse.

Fueron cosas padrísimas y no me dejará mentir Chuy Salas; junto con Chuy Barba convivimos con él por todo el país. Él sabía que yo quería ser cantante, así que aprendí mucho porque me aventé más de 300 o 400 shows. En una ocasión le dije:

—¡Tienes entretenida a la gente porque no cantas tus canciones igual que en el disco!

Y me dijo:

—Esa es la gran virtud que tengo. Tú nunca cantes tus temas igual, al mismo tiempo. Acuérdate que si mueves el tiempo un poco más adelante, mueves también el corazón de la gente y así te van a aplaudir más.

Aprendí todo eso.

—Hay que empezar con canciones menos movidas y así te creas un gran final.

Lo demás lo aprendí viéndolo. Eso y muchísimas cosas más. Estuve pegado a él un poco más de tres años. Después grabé mi primer disco. Fue en el 85 con CBS, que ahora es Sony. En ese entonces le dije:

—Ya me voy a aventar.

Como me dijeron que entraría a promoción y demás, pues ya no tenía chance de acompañarlo. Por esas fechas también me casé y tenía que estar con mi mujer. Él convivió con ella y mi hijo, íbamos a verlo y nos hacía de cenar o de desayunar. ¡Era un tipazo!

Cuando debuté, le mandé mi disco, que se llama *Gatita asustada*. Ya no nos volvimos a ver de forma constante, pero sí iba con cierta frecuencia a donde se presentara. Por ejemplo, en el Jubilee. También donde estaba el Metropolitan, que después se llamó Premier. Pero yo me dediqué a mi carrera. Luego gané el premio OTI y me empezó a ir muy bien y ya no lo volví a ver por mucho tiempo. Ocasionalmente acudía a palenques y me recibía. Aún me daba consejos:

—Dile a Nacho Morales que tú le vas a grabar un disco, pero que te dé el primero que grabaste. Así te vas haciendo de tus grandes producciones.

Siempre me trató con gran respeto, con gran cariño y yo, obviamente, con admiración. Creo que antes que su amigo, fui su fan. Él tenía muchas atenciones conmigo por eso. Gracias a Dios tampoco fui su amigo cercano para otras cosas, porque me hubiera cortado. Él era un cuate que cada siete años decía que tenía que cambiar de amistades.

Como nació un día siete de enero, decía que su número era el siete, entonces se hacía una limpia. En sus palenques le proponían anunciarlo como el número uno, como a Vicente Fernández. Le decían:

—¿Quieres que te ponga el número uno?

—No, a mí ponme el número siete.

Lo decía con sorna, para burlarse también un poco.

Con él conocí a muchas personalidades. Por ejemplo, una vez fuimos a Veracruz. Nos paramos a comer mole en Puebla, en el Hotel del Ángel, que estaba a la entrada. Ahí se encontró a Chava Flores y se saludaron muy efusivos. En ese tiempo no había de estos teléfonos nuevos con cámara. Si no, ¡cuántas imágenes tendría!

Nunca me decepcioné de Juan Gabriel, porque tuve el privilegio de conocerlo bien, saber muchas cosas, que obviamente no voy a contar. Las debo guardar en la memoria porque fueron cosas que vivimos y también por el cariño y respeto que le tengo.

En cuanto a lo especial de Juan Gabriel, yo creo que era un marciano. Lo digo de broma, pero lo era en serio. Un extraterrestre porque, por ejemplo, era un "pitoniso". Te decía:

—Esto va a pasar, Carlitos. No te juntes con esta persona.

Y se cumplía. Una vez veníamos en la carretera manejando y me dijo:

—Prende las luces —una patrulla de caminos venía contra nosotros—. Esa nos va a parar.

—¿Cómo crees? ¿Por qué? —contesté.

Pues dicho y hecho. La patrulla se regresó y nos siguió. Hizo que nos estacionáramos. Yo le dije:

—¿Por qué? ¿Cómo sabías?

—Yo sé cosas. Algo presiento, siempre.

Cuando los policías se asomaron y vieron que era Juan Gabriel, nos dejaron ir. Hasta la foto se tomaron. Igual nos pasó después con unos soldados.

Yo creo que era un extraterrestre, porque era una persona que sabía todo. Era impresionante. Lo que vivió y sufrió le hizo ser una persona sabia. Obviamente era un tipazo fuera de serie. También se enojaba, ¡pero grueso! Siempre que terminaba un show mandaba a llamar a su equipo más cercano para cagotearlos o felicitarlos. Siempre.

A mí nunca me contó sus tragedias. O sea, sus experiencias no me las contó como drama. Nunca lloraba, nunca decía: "Mi madre fue así... sufrí mucho... estuve en la cárcel...". Contaba cosas trágicas, pero yo nunca lo veía doblarse ni llorar. A su manera, era feliz, porque se reía de las personas. De los artistas decía:

—Mira, este me va a venir a saludar. O después va a venir al besamanos.

Como yo le cuidaba la puerta, me decía:

—A éste lo dejas pasar. A ese no, a ese lo dejas esperando.

Pero él se burlaba de todo eso. Era muy alegre.

Yo me quedé muchas veces a dormir con él en la misma cama. Lo digo francamente. Muchas veces, pero no sólo yo. También Chuy. Nos seguíamos hasta el amanecer con él y luego lo dejábamos siempre con su grabadorcita oyendo música. Siempre salíamos tardísimo de su cuarto. Siempre. Le hacíamos compañía hasta que se quedaba dormido, pero platicando, sin tomar una gota de alcohol. Todo padre, sano. Muy buena onda.

Yo me quedé muchas veces a dormir con él en la misma cama. Lo digo francamente.

Si fuera verdad que Juan Gabriel en realidad no murió y está escondido en un lugar lejano, yo creo que lo felicitaría por ser doblemente un genio. ¡Habría sido incluso un genio en su muerte! Si se hubiera escondido y estuviera ahorita viviendo donde sea. ¡Uta! Estaría viviendo a todo dar con millones de dólares y sin reflectores ni nada.

Me han criticado muchas veces porque dije que a lo mejor las cenizas no eran suyas. Yo creo que sucedió así porque él dijo que no quería hacer un circo de su muerte. Sin embargo, se lo hicieron. Y se lo están haciendo todos, porque no sabemos la verdad, pero todos opinamos. Lo que creo es que las cenizas se han de haber quedado en Miami con sus hijos. Vaciaron la cajita aquí en México, lo pusieron en Juárez y se lo van a llevar ahora a no sé donde, pero no son sus cenizas. Eso no tiene nada que ver con el cariño y respeto que siento por él. Es mi punto de vista.

No pude ir al velorio porque tuve que trabajar, no porque no haya creído en eso. Pero yo prefiero velar a mis muertos de cuerpo presente que en una cajita. ¡Es lo que siempre se hace! Eso es lo que yo creo.

De por sí él no era de reflectores. Era un cuate al que le gustaba ver el mar. Llegábamos a Veracruz y se iba a las rocas. Tenía una filmadora como de ocho milímetros, de esas que se usaban antes, y se ponía a grabar el mar. No sé qué grababa, no había nada sino puro horizonte. Hasta que llegaba alguien y lo reconocía. Entonces decía:

—Vámonos, que ya empezaron con eso de Juan Gabriel.

Si me obligaran a escoger entre sus canciones, me iría por "Te lo pido por favor", porque es una canción hermosa, melódicamente y en su letra. Creo que es para cuando le pides por favor a alguien que te adore y estás muy enamorado de esa persona. Es una canción bellísima, la más linda de su repertorio.

Viví tantas cosas padres con él, que por eso me dolió tanto cuando supe de su muerte. Además tenía que ir a cantar al Teatro de la Ciudad por el Festival del Bolero. No me cayó el veinte hasta después. Luego me tuve que ir a Zacatecas. O sea, tuve que viajar. Él se murió en domingo. El lunes no me levanté en todo el día de mi cama. Mis hijos me respetaron eso. Yo nunca soy así, nada más cuando se muere alguien muy importante, como mi madre o mi hermano. Me dio un bajón y me dije:

"No me voy a levantar. No sé cómo voy a salir de esto". Estuve todo el día encerrado, con las cortinas cerradas. Pero el martes tenía que trabajar y ni modo. Vámonos.

Lo mejor que Juan Gabriel me dejó fue su experiencia en el escenario. Eso es un legado que practico y llevo a cabo. Y creo que por eso, cada vez que me presento en un escenario, la gente sale contenta, porque la motivo a que esté feliz, como él lo hacía. Aunque yo cante boleros.

Muchos chavos me han dicho:

—Nosotros venimos con mi mamá y mi abuelita, pero lo felicito porque es un show muy divertido.

Y eso es lo que me dejó él. Mi espectáculo se lo debo a Juan Gabriel.

Era alucinante, cuadro por cuadro

Ximena Cuevas

Ximena Cuevas. La hija del pintor José Luis Cuevas dedica su vida al cine, en el que edita, dirige y produce como toda una guerrera. Pertenece a la primera generación de artistas del videoarte en México y su obra ha sido admirada lo mismo en el festival Sundance, que en el Museo de Arte Moderno de Nueva York, el Guggenheim o el MUAC. Juan Gabriel no podía quedarse fuera de su particular universo.

Antes que nada, debo decir que no me estoy trepando a la fama de Juan Gabriel, ni mucho menos. Lo conocí porque me invitó Isela Vega a hacer un trabajo fantástico para el disco de sus 40 años, que se llama *Celebrando*. Para eso el propio Juan Gabriel le entregó a Isela todos sus archivos bibliográficos. Algunos en formato VHS o tres cuartos. Entonces, entre Isela Vega y yo hicimos las ediciones de lo que iban a ser los videoclips del disco.

Juan Gabriel era muy cercano a Isela y también a su hija Shaula, porque cuando Isela y yo fuimos a Los Ángeles, Juan Gabriel preguntó mucho por Shaula.

Fue absolutamente maravilloso sumergirse en el mundo de Juan Gabriel. Editar es una cosa tan obsesiva, tan enloquecedora que pasas 12 horas viendo los gestos de las personas y escuchando la música. Yo edité tres videos, que fueron "Me he quedado solo", "Uno, dos y tres" y "La guitarra". También un cuarto del que no me acuerdo el nombre.

Fue increíble que, cuando estaba editando el segundo, no había forma de no sentirse enamorado. Yo pensaba que no iba a aguantar, porque era la misma canción una y otra y otra vez, hasta el infinito. Entonces yo salía a la calle como flotando entre flores. Con la música de Juan Gabriel no puedes dejar de enamorarte. Y finalmente, cuando tuvimos la edición de los videos, me habló Isela —ella le decía "el artista"— y me dijo:

—"El artista" está en el Auditorio Nacional y lo vamos a ver en el hotel María Isabel después de su concierto.

Llegó tardísimo, ¡en la madrugada! Cantaba a morir. Cuando lo vimos, íbamos con los videos, y la verdad yo me sentía supernerviosa. No podía ni siquiera imaginar ver a semejante dios hermoso. Su habitación era muy especial, era como si fuera un pequeño Versalles con cortinas doradas. Y Juan Gabriel estaba en una mesa comiendo sopa de fideos. Esa fue mi primera y única impresión, porque estuve con él un par de horas, máximo.

Él tenía una energía, para mí, muy masculina. Eso me fascinó, incluso nunca lo he platicado con Isela, pero esa primera imagen fue de una energía muy fuerte. Cuando llegué con él yo estaba inquieta, aunque sabía que el trabajo le iba a gustar, porque lo había hecho con un absoluto amor, respeto y, sobre todo con fascinación. Y eso se ve en pantalla. El video "Me he quedado solo" es una belleza por la pura edición.

Con cierta distancia vimos los clips. Y hubo un momento en que cambió la mirada y todo el tiempo me observaba a mí. Y hablaba de él en tercera persona. Decía:

—Ay, pero qué guapo está el "mushasho".

Él dijo que le encantó tomar sus diferentes épocas. Fue alucinante sincronizar el disco que había hecho con todas las otras épocas. Fue un trabajo de mucho tejido, muy minucioso, y en el que él se veía divino. Durante el encuentro empezó a cambiar, fue muy cariñoso conmigo. Yo nada más le lanzaba besos a lo lejos.

Después de eso me escribió varios mails, y a mí me pareció absolutamente generoso que, siendo un ídolo de ese tamaño, se tomara la molestia de escribirme para agradecerme por el trabajo. Creo que eso habla de un ser humano muy hermoso, humilde. Porque, ¿quién se toma la molestia de decirle "gracias" a doña nadie?

Me hablaba de "mi talento" y como que me halagaba pero, más que eso, a mí lo que me llenó el alma fue el agradecimiento. Incluso en un momento le dije:

—Oiga, hermoso, quería saber si puedo poner en mi página de Vimeo los videos.

Y me respondió:

—Yo te doy permiso de que hagas lo que quieras con el trabajo.

Esto fue muy bello, fue un acto amoroso con el pueblo, con su público: Pidió dos masters, uno para la disquera y otro directamente para los piratas, porque tengo otra parte de los videos en los que explica que la piratería le da acceso a los hogares de su público. Y pues, si se piensa con atención, es cierto. En una situación como la de México no todos tienen posibilidad de comprar los discos.

Yo creo que lo que más amó fue a su pueblo, para quien cantaba.

Incluso cuando fue a Bellas Artes –un recinto que tenía una especie de élite– yo decía: "No, pero Juan Gabriel debió de haber estado en el Zócalo con toda su gente". Yo creo que lo que más amó fue a su pueblo, para quien cantaba. Por más que estuviera presentándose en Bellas Artes, su corazón verdadero estaba en el público.

Para mí, hasta el día de hoy, trabajar en su disco ha sido de los proyectos más increíbles que he hecho. Pasé tres meses con su música, su imagen y su fuerza. Además había videos de todos disponibles. En este país, donde los archivos son tan difíciles de acceder, esto era una cosa impresionante. Por lo menos todo lo que yo vi, que se concentraba más en Latinoamérica.

Yo le agradezco infinitamente, y también a Isela, que me haya invitado a colaborar. Cuando Isela me dijo, definitivamente di un brinco. Además, cuando uno edita, conoce a las personas milimétricamente. Me ha pasado que estoy editando y de pronto encuentro miradas feas. Con Juan Gabriel no fue así. Él era alucinante. Lo podía ver cuadro por cuadro y cada uno de sus gestos era de amor y generosidad. Era un artista fuera de este mundo. También lo observé en su hotel, en cosas más cotidianas. Y lo que ocurrió fue que, si yo ya amaba su música, con ese trabajo me hice fan absoluta.

Era un poco vergonzoso, porque luego de editar, lo único que oía era *Celebrando*. Ese disco es fantástico porque hace un *reload* de su propia música con arreglos y otras cosas.

Fue tan pequeñito el tiempo que compartimos, que no pude conocerlo más. Pero a mí su energía me pareció muy interesante. Y me parece padre construir un personaje así. Incluso esta cosa de hablarse en tercera persona al verse en la pantalla, me encantaba.

Juan Gabriel, ayer, hoy y todos estos años fue un artista que te golpeaba directamente el corazón. Lo único bueno de su muerte es que la ciudad completa se volvió una caja musical. Su música, sus canciones salían de los taxis, las tienditas y de todos lados.

Tristemente la persona dejó de estar, pero los artistas van más allá de la persona. Entonces nadie va a poder escapar de Juan Gabriel, ni siquiera las generaciones que siguen. Yo lo veo como el único después de Pedro Infante, quien aunque ya ha pasado el tiempo, ninguna voz acaricia como la suya. No puedes escapar de la fascinación que crean estos cantantes. Son ídolos que se dan muy pocas veces en la historia de la humanidad. Es del tamaño, e incluso creo que más grande, de Elvis Presley, tan sólo por la cantidad de composiciones.

Lo terrible ahora es que ya no lo podremos a ver en vivo. Ahora hay muchas luces, muchas pantallas y mucho show, pero pienso que Juan Gabriel incluso cantando en una sala debió haber sido brutal. No creo que haya necesitado de ningún aparatejo para tener ese magnetismo. Hasta el más machín de México lloró ese 28 de agosto de 2016 o al menos sintió gacho. Nos tocó a todos.

Cuando revisé los videos de una de sus presentaciones en Ecuador, fue muy chistoso observar que en el público había unos bigotudos con camisas de cuadros, bien machines, sentados con sus esposas que, desde que aparecía Juan Gabriel, estaban que se derretían. Y ellos con sus brazos cruzados, con cara de:

—¿Qué pasó? ¿No que venimos a escuchar rancheras?

Y al rato, después de la tercera canción ya estaban parados tratando de agarrarle la nalga y la panza a Juan Gabriel. ¡Él levantaba muertos! Y al final estos mismos personajes estaban totalmente enloquecidos con gritos de: "¡Otra!".

Creo que debería haber un estudio sobre él. No he leído lo de Monsiváis, no sé si él haya tocado ese fenómeno. Los mexicanos lo aceptamos como un ídolo evidentemente afeminado, que agarraba su saco como si fuera un rebozo. Tenemos a este ídolo afeminado en el país de los machos, donde a la semana siguiente sale la homofobia a manifestarse. Me parece un fenómeno muy interesante.

En sus composiciones y en su personalidad había algo magnético que te despojaba de cualquier prejuicio. Eso me parece fascinante. Y las mujeres se morían por él. Ellas estaban enloquecidas por este hombre altamente femenino. Hay que leer a Monsiváis, porque es una cosa entre social y psicológica lo que provoca Juan Gabriel en un país de machos.

Después de la tercera canción ya estaban parados tratando de agarrarle la nalga y la panza a Juan Gabriel.

En todos los países a donde él iba, sin excepción, había multitudes que lo seguían a gritos. Había escenas de Juan Gabriel llegando en un coche a Puerto Rico, Perú u otros países de Latinoamérica, y cuando él salía del coche no se daba esta situación horrible donde unos guardaespaldas lo protegían empujando a la gente. No, él se bajaba del coche a lanzarle besos a esas miles y miles de personas que lo querían ver. Divino.

Le hice también un pequeño trabajo promocional que luego él me pidió directamente. Son diez minutos de un popurrí. Hay escenas en las que es evidente su generosidad. Yo no vi una sola en la que él no estuviera agradeciendo. En el video y en los mails que a mí me escribió había agradecimiento. Qué belleza llegar a ese lugar tan importante y que seas agradecido como él.

Fue un genio

Gustavo Dudamel

Gustavo Dudamel. La primera vez que Juan Gabriel se subió a un avión iba a Venezuela. 39 años después, en su última visita, tuvo un encuentro especial con el genio de la música clásica, director de la Orquesta Sinfónica Simón Bolívar, la Filarmónica de Los Ángeles y la Sinfónica de Gotemburgo. Dudamel conoció a uno de sus personajes más admirados desde niño: el Divo de Juárez.

Para mí fue una gran sorpresa conocer a Juan Gabriel. Me llamaron de pronto, porque él quería visitar la sede de la orquesta que dirijo. Y yo, por supuesto, fui corriendo. Me considero su admirador de toda la vida. Desde que era un niño, en mi familia escuchábamos su música.

Él era una persona especial, muy sensible, ameno e hiperactivo. Tuvimos la oportunidad de recorrer los espacios de la sede del Centro Nacional de Acción Social por la Música en Caracas. También de escuchar un poco los ensayos de la orquesta, mostrarle los protocolos y el material tecnológico que nosotros tenemos. Nos sentamos a conversar por horas y fue hermoso, uno de esos encuentros que voy a guardar siempre en la memoria y en mi corazón. Fue muy especial.

¡Fue un gran músico! Juan Gabriel fue un gran artista con un duende único –como decía García Lorca– para conectar con el público, pues era admirado por todos. Tenía esa virtud. Independientemente de los géneros, él marcó algunos patrones dentro de la música en general. Y era uno de los grandes genios del arte universal, yo lo considero así. La música de Juan Gabriel es tan buena que puede adaptarse a cualquier interpretación, forma, fórmula y género. Ya ha sido interpretada de distintas maneras y hasta melódicamente. Creo que el concierto que hizo hace años en Bellas Artes, con la Orquesta Sinfónica Nacional, muestra la adaptabilidad de su arte a distintas manifestaciones.

Juan Gabriel estaba muy atento a lo que sucedía. Estaba muy al tanto de nuestra orquesta y los movimientos artísticos para niños. Creo que a él le interesó nuestro modelo, porque es bueno y ha sido replicado en muchas partes. Además, en Venezuela tenemos una gran conexión con México porque los primeros maestros que vinieron fueron mexicanos: el maestro Carlos Chávez, el maestro Eduardo Mata, por ejemplo. Hay un gran vínculo con México. Para nosotros, México es como una madre patria, en el sentido de la historia de la educación musical.

Cuando hizo el dúo con Rocío Dúrcal me gustó muchísimo. Dentro de mis canciones favoritas, aunque suene a cliché está "Amor eter-

Para nosotros, México es como una madre patria, en el sentido de la historia de la educación musical.

no", porque creo que es una de las grandes, grandes, grandes canciones de todos los tiempos. Es de mis favoritas, absolutamente. Inclusive hicimos planes para hacer algo juntos. Lamentablemente se nos fue, aunque es una figura inmortal por el hecho mismo de su grandeza artística y por lo que entregaba en el escenario: algo realmente mágico.

En cuanto a la vida de Juan Gabriel, esas grandes vidas van a estar siempre a los ojos del mundo. Creo que era una persona muy curiosa y profundamente conectada con el aspecto social de la gente. Para mí, realmente lo que conocí de él como artista y en el terreno personal, fue un ser intachable.

Nuestras fotos

Emmanuel

Emmanuel. El "rey del pop latino" y Juan Gabriel comparten estadísticas al ser los intérpretes de dos de los álbumes más vendidos de la historia: *Íntimamente* y *Recuerdos II*. También quedará de recuerdo ese tour fotográfico en Nuevo México donde no se concretó la posibilidad de grabar un disco completo juntos, pero nació una gran anécdota entre estos dos vanguardistas y vegetarianos irrepetibles.

Yo no tengo muchas historias con Juan Gabriel. Tal vez sólo una padrísima que ocurrió en Santa Fe, Estados Unidos. Fui allá porque supuestamente íbamos a hacer un disco. Creo que antes había cantado en Monterrey y de ahí me fui. Estuvo divertidísimo. Él era un tipo muy lindo con la gente. Eso me llamaba mucho la atención, pues descubrí que él tenía una sensibilidad especial hacia la gente y un corazón muy abierto. Qué bonito, en verdad, porque uno puede ser una maravilla como artista y un asco como ser humano.

Entonces nos vimos para hablar sobre un posible disco. Era la época en que Juan Gabriel no estaba saliendo mucho en la televisión. No sé si fue en 2005 —no recuerdo exactamente la fecha pero debió haber sido después porque ya había salido mi disco *Sentirme vivo* y el sencillo "Corazón de melao"— pero cuando llegué con él hablamos de 7,000 cosas menos de música. Me paseó por todo Santa Fe, entramos a muchas tiendas. Él estaba con Isela Vega, su amiga. Fuimos a tiendas de ropa tipo vaquera y estuvimos paseando todo el día. De pronto me dijo:

—Te voy a tomar unas fotos.

Y me tomó un millón de fotos en diferentes poses, parecía un productor fotográfico. Yo por dentro me reía y decía: "¡qué buena onda de este cuate!". Estuvimos todo el día tomando fotos y en la noche fuimos a un lugar que él conocía. Él tomaba fotos con cámara, no como ahora con el teléfono, y se la dio a uno de los cuates que trabajaba con él. Yo había llegado hasta ahí en un avión que me prestaron y debía regresar al día siguiente porque tenía otro show, entonces me urgía que nos fuéramos.

—Yo te llevo al aeropuerto —propuso Juan Gabriel.

Entonces llegó el cuate de las fotos y nos dijo:

—Señor, ¿qué cree? La cámara no tenía rollo.

—No, ¡cómo crees! Ponle un rollo —le contestó él.

Y otra vez Juan Gabriel me daba instrucciones para posar:

—Ponte allá, aquí, acá.

Y nadie nos tomaba fotos a él y a mí. ¡O sea que no hubo ninguna foto de los dos! Repetimos lo que pudimos de la sesión fotográfica en el camino al aeropuerto. Y ahí están esas fotos, pero no sirven de nada porque en ninguna estamos juntos. Yo me reía como loco y él se reía también, pero como sacado de onda. Ha de haber dicho: ¡Qué oso! Fue increíble.

—Ay, discúlpame —me dijo.

Cuando lo conocí, yo iba entrando a la RCA y él ya llevaba cantando no sé si tres o cuatro años. Por entonces él había cobrado un cheque muy importante. Cuando yo entré a las oficinas, él me enseñó ese cheque y me dijo:

—Algún día usted va a cobrar un cheque igual que éste.

Y a partir de ahí estuvimos juntos varias veces en distintos lugares. Por ejemplo, con Pedro Torres en Acapulco o en un show una vez que fui a verlo al Premier, que estaba en la Av. San Jerónimo. En esa ocasión me invitó. Fuimos y se puso a cantar unas canciones mías. Él había preparado eso, siempre tenía un detalle padre.

Estuve un montón de veces con él. Otra vez, en un cumpleaños de Angélica María. Sin embargo, no tengo muchas anécdotas suyas. Entre las últimas está la grabación de esa maravillosa canción que hicimos, "Pero qué necesidad", y el día que fui a cantar al Auditorio Nacional. Esa ocasión fue linda. No ensayamos nada. Yo llegué un poco entre sorpresa y no sorpresa y su reacción fue muy padre.

Su muerte me llegó de una forma muy extraña, porque él falleció el domingo en la mañana y yo había cantado el sábado en San Luis Potosí. Abordé el avión de regreso a la Ciudad de México con Olga, mi mánager, quien acababa de ver a la hija de Lucha Villa, que le dijo que tenía anécdotas padrísimas de Juan Gabriel y de mí. Íbamos plática y plática e incluso dijimos:

—Por cierto, cantamos el sábado que viene en Guadalajara con él.

Luego llegamos a México. Olga prendió el teléfono y dijo:

—Falleció Juan Gabriel.

—¿Cómo va a fallecer Juan Gabriel? —me quedé atónito.

—Pues dice aquí que falleció. Hay que subir algo a Facebook.

—No, no. No subas nada —porque ahora resulta que matan a todo el mundo, a veces subes una cosa y de pronto resulta que no es verdad.

Entonces empecé a llamar a mis amigos periodistas. Le hablé a Adela Micha y a otros amigos que me confirmaron la noticia. Fue increíble porque el siguiente sábado yo cantaba con él y teníamos que vernos el siguiente jueves para acordar en qué momento íbamos a cantar. Yo tenía otro show ese día, entonces necesitaba llegar, cantar y salirme disparado de ahí. Y bueno, ya no se hizo.

Fue increíble porque el siguiente sábado yo cantaba con él.

Juan Gabriel era muy sensible, creativo y talentoso. Sus canciones tienen que ver con la sencillez de un pueblo. Sin complicaciones, muy directo, pero muy sensible. Todas sus cosas tienen una sensibilidad muy especial y era muy mexicano. Como nació, creció y vivió, pues fue ultramexicano. Cuando grabé "Pero qué necesidad" me di cuenta de esto, porque uno verdaderamente se da cuenta de cómo son las canciones cuando las canta. Y luego, ahora que cantamos en Las Vegas Mijares y yo, le hicimos un pequeño homenaje. Cantamos "Caray", en esa letra todo es sencillo, no hay nada filosófico. ¡El cotorreo del "caray"! ¿Cómo le metes la palabra "caray" a una canción si no eres superpueblo y supermexicano? Eso de "y lloré, lloré, lloré, noche tras noche caray, noche tras noche caray, noche tras noche… Y ahora soy yo…". Un artista de la Ciudad de México hoy en día no usa esa palabra. Entonces yo lo escuchaba y decía: "Busca cosas mexicanas y tener contacto con su pueblo".

Musicalmente era un cotorreo. Eran cosas creativas, padrísimas, talentosas, divertidas, ocurrentes. Él ponía lo que se le ocurría, sin tapujos. Como lo hacía con mucho corazón, le funcionaban. La verdad, al final las cosas funcionan si son de verdad. Y eso fue él.

Creo que siempre hay gente creativa, porque la creatividad no pertenece a ninguna época del mundo ni a una persona. Agustín Lara tenía su creatividad y José Alfredo Jiménez también. Antes de ellos, todos los que hacían boleros. El talento es propiedad del mundo y del ser humano. Cuando salieron los Beatles pensaron que no habría más talentos, después llegó Michael Jackson. Así es que de vez en cuando surgen personajes que logran tener en su haber una serie de habilidades que conectan con el público y se comunican con todos.

A lo mejor pasará el tiempo para que aparezca alguien parecido a Juan Gabriel. Pero no lo sé, puede ser que salga mañana. También puede ser que uno ya se haya gestado y por ahí ande.

Pero Juan Gabriel marcó un momento muy especial de la música en México y de los artistas mexicanos y no mexicanos.

Por ejemplo, hay que tener en cuenta que Rocío Dúrcal fue una artista muy importante desde chavita. Ella cantaba padre y emergió junto con otra artista que se llamaba Marisol. Marisol era otra chavita y salió poco antes que Rocío. Era linda y empezó con una película de chiquillos, recuerdo. Entonces fue creciendo casi a la par de Rocío Dúrcal. Pero resultó que quien siguió con su carrera musical fue Rocío Dúrcal. De igual forma, Rocío de pronto desapareció –los artistas tenemos subidas y bajadas– en un momento dado.

Rocío fue una de las mujeres que Juan Gabriel admiraba. Entonces él le hizo los discos que conocemos y el bombazo de Rocío fue mayúsculo. O sea, ella vivió de la música de Juan Gabriel toda la segunda etapa de su carrera artística. Fue un periodo muy fuerte, trabajó en todos lados.

No voy a decir otros nombres porque son muchísimos pero, por ejemplo, también la canción que le hizo a Lucía Méndez fue muy popular. Y en general todas las cosas que hacía: le daba a una, le daba a otro, al de aquí, al de allá. ¡Fue un gran compositor!

Cuando fui a su casa en Santa Fe me aluciné porque entré a los cuartos y uno estaba repleto de alusiones a María Félix y otro a Lucha Villa. O sea, los cuartos estaban dedicados a las mujeres que él había admirado. Me llamaba mucho la atención que admiraba a Lola Flores. Muchísimo.

Yo creo que la diferencia entre él y otros compositores que no cantan es que él era artista, cantante y compositor, porque uno puede ser cantante pero no artista. Juan Gabriel reunía todo en sí mismo. Siempre pensamos en quién era mejor, si él o José Alfredo, pero José Alfredo Jiménez era José Alfredo Jiménez y Juan Gabriel era Juan Gabriel. Hay que ver su presencia escénica y su forma de ser, porque ¿qué pasaría si él hubiera sido nada más compositor? Sería un excelente compositor y hasta ahí. Pero haber estado en los escenarios y haber hecho giras lo puso en otra situación, una muy fuerte.

El Divo a la
pantalla chica

Carla Estrada

Carla Estrada. Una de las productoras de telenovelas más cotizadas. Ella pensó que si Juan Gabriel escribía el tema musical de *Te sigo amando* el éxito estaba garantizado. No se equivocó. El compositor regresó a Televisa después de una larga ausencia y se convirtió durante una semana en el intérprete de cabecera de la productora. Él era el único que hacía cosas así, por diversión.

onocí a Juan Gabriel hace muchos años porque él era muy amigo de mi exmarido. Pero nos veíamos de repente, no éramos grandes amigos.

Cuando hice la telenovela *Te sigo amando* estaba buscando el título y se me ocurrió que Juan Gabriel podía ser la persona adecuada para interpretar el tema. No era fácil, porque en aquel entonces él estaba fuera de los medios. No sé si tenía problemas con su disquera o con Televisa. Finalmente me dieron la autorización. Entonces le llamé y me dijo:

—Sí, claro que sí.

Nos pusimos a trabajar para escoger cuál sería. Él en ese momento tenía muchísimas canciones, pero no encontraba la adecuada. Mi telenovela tenía algo especial y quería comunicarlo a través de esa canción, pues debía empatarse con lo que sucedía en la trama, entonces para mí era muy importante escogerla.

Yo estaba grabando en Guanajuato y le decía: "A ver Juan Gabriel, qué hacemos, ya encontré estas tres más" ¡Y me las cantaba! Yo le decía "si le digo a alguien que me das serenata todas las noches, nadie me lo va a creer". La verdad me la pasé muy bien porque aparte de que me cantaba, yo platicaba con él de la vida. Para mí fue una semana maravillosa, porque yo ya sabía que a las ocho de la noche yo le marcaba y la íbamos a pasar muy bien.

Después de mucho tiempo de búsqueda, le hablé al productor Eduardo Magallanes y le dije:

—No puede ser que no encuentre la canción ideal. No puede ser que en el acervo que tiene Juan Gabriel no encuentre una sola que le quede perfecto.

Entonces le propuse:

—Vente a mi oficina y ayúdame.

Nos vimos, pero llegó con algo especial. Me dijo:

—Traigo una que no sé si te vaya a gustar o no. Es una canción muy viejita que Alberto hizo hace muchos años, pero creo que la grabó en un disco de esos que nada que ver.

Entonces me puso la canción y dije:

—¡Ésta es!

Después le hablamos a Juan Gabriel y le dije:

—Tenemos la canción. Ojalá estés de acuerdo.

Le dijimos de cuál se trataba y él ni se acordaba de que existía.

—A ver, pónganmela —nos pidió y así lo hicimos.

—Claro, eso es lo que estábamos buscando —nos dijo.

Entonces le hicimos un arreglo a la canción como se merecía, porque la primera vez que la oí tenía una guitarrita y un pianito. O sea, nada.

Y esa fue la canción que hizo que Juan Gabriel regresara a los escenarios. Para mí era maravilloso tenerlo en la telenovela cantando y, más que otra cosa, tenerlo de vuelta, porque la verdad es que yo siempre he sido su admiradora.

Se convirtió en un exitazo. Fue su primer disco después de no haber trabajado por muchos años. ¡Algo fuerte! Pero aparte de eso, le pedí que que me hiciera una escenita.

—Eso definitivamente no, porque yo no soy actor —aseguró.

—No quiero un actor, sino te quiero a ti. O sea, lo que me importa es tu regreso, que estés con nosotros y compartas temas de tu disco. Además, yo te voy a ayudar. No vas a hacer el ridículo.

Nos fuimos a comer y luego improvisó una escena o dos para la telenovela. Se lo agradezco muchísimo porque no sé si actuó otra vez en televisión, pero yo no lo recuerdo. En esa ocasión, la verdad es que fue muy aplicado. La escena salió perfecta.

Mi hijo aparecía ahí interpretando a un niñito en un orfanato, estaba chiquito, tenía ocho años. No me acuerdo exactamente cuántas escenas hicimos, pero filmamos en el mismo lugar.

Juan Gabriel fue muy agradable durante ese trabajo. Llegó el día acordado, comimos juntos y después fuimos al foro. Lo que recuerdo perfectamente es que, cuando llegamos –Juan Gabriel no había sido visto en más de diez años– salían los técnicos, las personas de mantenimiento y de todos lados. ¡El foro estaba repleto de toda la gente que trabajaba ahí y que había ido a verlo! Él estaba muy contento, muy agradecido. Y yo estaba muy feliz de que se sintiera a gusto. Eso para mí era muy importante y lo logramos.

Después lo vi muchas veces, circunstancialmente. Estuve en un homenaje que le hicieron en San Antonio, Texas, porque ahí me dieron también a mí un reconocimiento. Estábamos ahí y no había mucha distracción, entonces hicimos una noche bohemia increíble. Compartimos mucho en esa ocasión.

La siguiente vez que hablé con él fue porque me encargó unas nueces de Los Ángeles. Yo dije: "¿Cómo?"

—Tráeme unas nueces, te las van a llevar a tu casa.

Recuerdo que pensé: "quizá sean unas nueces especiales".

—Sí, con mucho gusto —le dije.

Pues llegaron a mi casa con semillas de girasol, nueces de la India y otras cosas. Además no eran unas bolsitas, sino unas bolsotas, pero me fui cargándole sus nueces.

Su muerte me impactó muchísimo. Primero, como dicen, pasé por la negación –en aquel momento estábamos terminando la serie de Joan Sebastian–. Aunque yo sabía que Juan Gabriel estaba mal, como enfermo y, desde mi punto de vista, algo triste y raro, la verdad. ¡Pero no como para morirse!

El muchachito de Lecumberri

Enriqueta Jiménez, "la Prieta Linda"

Enriqueta Jiménez, "la Prieta Linda". Fue más que la madre artística de Juan Gabriel. Se encontraron en donde se conocía a los verdaderos amigos o a los viejos comunistas de México, en Lecumberri. Por fortuna, su amistad se desarrolló en libertad, donde ella juró guardar los más íntimos secretos del cantante, como el nombre de la única mujer que amó y la identidad de quien lo acusó de robo. Doña Queta lo sabe todo.

Yo conocí a Juan Gabriel en una fiesta que el general Puentes Vargas, antiguo director del penal de Lecumberri, organizó a todos los presos. Me invitó y me dijo:

—Oye, Prieta, ven a cantarme.

Tenían ballet, a un grosero Polo Polo, a un mariachi espléndido y a la Prieta Linda. Ahí cantamos, nos reímos, jugamos y de pronto me dice el general:

—Oye, Prieta, ven, que te quiero presentar a alguien. Te tengo una sorpresa, pero bonita de verdad.

—Bueno, pues vamos.

Él me lo presentó. El problema es que yo tenía un poquito de miedo porque ya eran las seis de la tarde y seguíamos allí en la prisión. Y entonces entré y vi a un muchachito que, seguramente, pesaba 50 kilos. ¡Muy flaquito! Ahí ya era Juan Gabriel, pero cuando empecé a oír su música me sentí verdaderamente emocionada. Lloré, sentí que no había nadie que cantara y que interpretara la música tan bonito. Entonces me dio una canción que se llama "Noche a noche". La escogí porque yo no podía cantar sus canciones. Salimos de la cárcel y él me fue acompañando. Como era tan querido por los presos, me siguieron todos hasta la reja para salir.

En la cárcel yo lo visité con la esposa del general –doña Ofelia Urutuzuástegui–. Le aseguré que él era alguien muy querido para mí. Ella era cuñada de mi hermana. Entonces Juan Gabriel salió gratis de prisión.

—Vente Alberto —le dijo—. Te vienes con nosotros porque tienen que ver que alguien se haga cargo de ti.

También ella lo quiso al primer instante. Entonces Juan Gabriel se fue a Tecamachalco y empezó a hacer sus trabajos. Le

ayudaba a coser, pero salía siempre pidiendo permiso y se iba a mi casa, yo vivía en Satélite. Llegamos a platicar de quién lo acusó. Se supone que era alguna de sus amigas, de las cabareteras. No fue alguien del medio. El único contacto que tuvo con el medio fue conmigo.

De él tengo dos cosas que guardo en mi corazón: la mujer que lo metió a la cárcel y la mujer, la única mujer, de la que estuvo enamorado. Le prometí con amor y juramentos que no lo diría. Juan Gabriel entonces venía conmigo todos los días, hasta que le dije:

—Te tengo una sorpresa.

—¿Qué pasa, Prietita linda?

Todavía no me decía madrina. Y entonces le platiqué:

—Mañana tenemos una cita en la RCA.

Yo grababa ahí y me conocían todos, y todos me querían. Y entonces a la mañana siguiente el general fue casi quien lo hizo. Para el general, Juan Gabriel era como su hijo. Así hubiera querido que fuera un hijo suyo.

Cuando llegamos a la RCA, fui con los encargados y les dije:

—Por favor, nunca he venido a dar lata, pero quiero que venga un muchacho a que lo escuchen. Y si no les gusta, pues tan fácil como lo hacen ustedes…

Subí con el director y le dije:

—Ay, por favor. Yo te suplico —era un americano— que escuchen a un cantante que les traigo. ¡Que ganen mucho dinero con él!

Entonces me respondió:

—Habla con Eduardo Magallanes, habla con Enrique Okamura y Raúl del Valle.

Entonces fui con Magallanes, que es mi amigo queridísimo, y le dije:

—Fíjate que fui con el director a pedirle que hagan una prueba a un gran artista que traigo.

—Bueno —dijo él, sin peros.

—¿Entonces cuándo venimos? —insistí.

—Mañana. Y que se traiga su guitarra, porque no hay quien lo acompañe en el piano.

Pues con su guitarra

A los tres o cuatro días regresó a cantar y se quedaron con la bocota abierta los directores. Es que nació con la estrella.

fuimos a la mañana siguiente a la disquera. Juan Gabriel cantó "No tengo dinero". Pero cuando salió del estudio lo vi medio tristón porque él era muy sensible. Entonces le comuniqué lo que me habían dicho los directores:

—Bueno, vamos a contratarlo. Que mañana firme su contrato y acá los esperamos.

Nomás me pusieron un pero:

—Te quieren comprar a ti, pero no quieren comprar tu música —le dije a él.

Recuerdo que entonces pensé: "¡Estos son estúpidos!".

Fue ahí cuando me empezó a decir madrina. Dijo:

—No le hace, madrina. Vamos. ¿A dónde firmo?

Y fuimos a que firmara. A los tres o cuatro días regresó a cantar y se quedaron con la bocota abierta los directores. Es que nació con la estrella.

Después siempre estuvimos en comunicación. Un día me hizo un homenaje en el Auditorio, y me presentó con toda la

gente. Me dieron un buen aplauso y él se quedó acostado en el piso y me empezó a cantar "Una, dos y tres". Y yo:

—¡Levántese ya, por favor!

Y se levantó, pero no se movió de donde estábamos en todo el concierto. Después yo le pedía:

—Yo quiero ir contigo a donde sea.

Y me decía:

—Bueno, te mando el avión para que vengas a Las Vegas.

Empecé a viajar en el avión yo solita. Y me daba miedo, no es fácil voltear y ver que todo está solitario. Pero esos eran mis paseos: ir a todas sus casas, conocer sus estudios de grabación. Todo lo bueno que Dios le mandó del cielo.

Después conocí a sus hijos, pero eran muy chiquitos. Y ya cuando estuvieron grandes, la mamá se los llevó a Los Ángeles. Y él se quedó en Las Vegas. Allí nunca apostábamos. Sólo cenábamos y yo le llegué a decir:

—Dame 25 centavos para jugar.

—¿Qué te pasa madrina? Aquí eso no. ¡Es como robarte! No, no, no te doy 25 centavos.

¡Y no me los daba! También tuve muchos juegos y secretos suyos, como sus confidencias con Daniel. Nadie habla de Daniel, ni él. Pero lo descubrió, descubrió que es un muchacho muy bueno. Yo estuve con ellos ocho días. Se tiraba en el suelo, porque Juan Gabriel le decía:

—Ya, Daniel, te va a regañar tu mamá. Ya vete.

Se tiraba en el suelo y se pegaba, pero fuerte. Se hacía heridas.

—Ay, Dios mío. Vamos, te voy a curar —le decía yo. Y ahí vamos los tres.

Más tarde nos perdíamos un poco, pero no dejábamos de seguirnos. Una vez me llamó.

—Te vi en el programa de Raúl. Qué bonita estabas, madrina. ¿Cómo estás? ¿Cómo están tus hijos?

Era una maravilla de verdad. Una vez no tenía ningún aparato para mandarle mensajes de México a donde él estuviera. Y entonces me dijo:

—Vente madrina. Vamos a comer un helado.

Fuimos por el helado y luego nos metimos a una tienda. Ahí me dijo:

—Te voy a comprar esta computadora, porque así me vas a escribir todos los días.

Y así fue. De repente tenía esas locuras. También con sus casas. De eso yo le decía:

—Hijo, entiéndelo. El tiempo se va, se pasa. Guarda tu dinero para que no te falte el día de mañana.

Y me respondía:

—No, madrina. A mí no me va a faltar dinero. Yo voy a tener dinero siempre.

Cuando falleció, lloré como una loca, de verdad. De todo lloré: de sentimiento, de sorpresa porque ya no estaba... de todo. Me hubiera gustado estar en Ciudad Juárez, quizás. Pero yo ando en una silla de ruedas. No fui a Bellas Artes, pues necesitaba tener una invitación. Además yo perdí el contacto con Jesús Salas. Él se volvió prepotente y no quería hablar con nadie. Yo creo que creía que todo el mundo le iba a robar. Cambió mucho y entre ellos dos ¡se peleaban tanto!

—Oye, eres un hijo de quién sabe qué. ¿Cómo es posible que me hayas hecho esto?

Yo decía, cada que oía una grosería:

—Es puro amor.

Y volvían:

—Sí, Queta. Siempre me regaña.

—No le hagas caso a este, porque es un —la palabra con "p"— y no lo quiero ni ver.

Juan Gabriel no fue noviero. Era leal y seguro de lo que hacía, nada más. Hay que recordarlo como les decía cuando peleaban él y Jesús, con puro amor. Y como dije en una entrevista que hace poco me hicieron:

—Yo soy una artista muy modesta, una gente que no sabe nada, pero les dejo a ustedes aunque sea una arenita. Les dejo al más grande compositor del mundo: Juan Gabriel.

Ése es mi amor y lo llevo. Y muy pronto lo voy a ver, porque ya estoy muy malita.

La enseñanza del dolor

Juanes

Juanes. El cantante colombiano de Carolina del Príncipe y ganador de dos Grammy Awards, ha aparecido en la lista de "Las 100 personas más influyentes del mundo" de la revista *Time*. Barack Obama es uno de sus seguidores, él desde joven se declaró admirador de Juan Gabriel y sus letras. Juntos hicieron una nueva versión de "Querida", la canción que acompañó a Juanes durante toda su infancia.

Fue muy especial, sinceramente, haber conocido al maestro don Alberto. Fue increíble. Desde el primer momento que me enteré del proyecto para *Los dúo*, mi deseo siempre fue estar ahí con él cantando "Querida", que es una canción que aprecio enormemente porque me recuerda muchas cosas bonitas de mi infancia y mi familia. Además es un excelente tema.

Me fui para Cancún. Estuve en su casa, en su estudio. No lo conocía, entonces estaba muy nervioso. ¡Imagínense conocer a Juan Gabriel! Él llegó y me encontré a un tipo muy generoso, educado y muy amable. La cita era como a las 11 de la mañana, pero Juan Gabriel llegó cerca de las ocho de la noche. Pero no importó. La verdad es que la pasamos muy chévere. Para mí ha sido un gran honor y un privilegio haber podido estar con él cantando y haberlo conocido como ser humano.

Al enterarme de su muerte, estaba en mi casa. Era un domingo como a medio día. Me enteré y estaba como en *shock*, no lo podía creer. Musicalmente, Juan Gabriel es indiscutible. Creo que es uno de los más grandes de la historia latina. Y, como ser humano, creo que la enseñanza que él tuvo a través del dolor para heredar ese conocimiento fue fundamental. Yo creo que no solamente en sus canciones, sino en sus palabras y sus entrevistas hay muchos mensajes que son muy fuertes. Y creo que esa es la forma de recordarlo, como un gran ser humano.

Réquiem

Natalia Lafourcade

Natalia Lafourcade. Compositora, productora, arreglista, actriz, diseñadora de moda y activista. Como cantante es magnética y Juan Gabriel lo sabía, por eso grabaron juntos "Ya no vivo por vivir" y unieron sensibilidades como si se conocieran de siempre. Natalia escribió una conmovedora carta de despedida para Juan Gabriel y don Alberto.

Ahora mismo mi cuerpo, lleno de escalofríos, y mi mente tratan de entender esta triste noticia que nos dejó sin aliento a miles. Se nos fue un gran amigo de este mundo en el que vivimos. Seguramente hoy nos mira a todos desde ese otro lugar que no conocemos, pero que nos espera tarde o temprano.

Estoy tan agradecida con la vida, los tiempos, el destino, pues me dieron la oportunidad de pasar algunos días muy cerquita del gran maestro y artista Juan Gabriel. Y también agradezco tanto haber tomado la mano de don Alberto Aguilera, el gran ser humano, lleno de humildad, un hombre lleno de luz, sensibilidad, generosidad, amor, honestidad, mencionando tan sólo unas pocas de sus tantas virtudes.

Agradezco que tuve la oportunidad de verlo a los ojos, sentir ese ser tan hermoso y poderoso que vivía en su cuerpo, tomar sus manos después de que él tomara las mías. Agradezco tanto que pude cantar para él y dejar que su voz corriera entre la mía. Aún no puedo escribir bien porque me cuesta comprender que ni Juan Gabriel ni don Alberto estarán más aquí con nosotros.

Y todo lo que nos han dejado... tantos años de entregarlo todo, de escribirnos esas canciones tan bonitas y especiales, que a miles de personas han acompañado durante tanto tiempo en momentos felices, de melancolía, de baile, de celebración de la vida misma.

Esta noticia me llena de tristeza como a todos. A este ser maravilloso lo vamos a extrañar, pero al mismo tiempo siento que no hay manera de que Juan Gabriel muera, porque él vive todos los días, a cada segundo, en la vida de millones de personas que lo tienen en sus corazones. Su música ha llenado de color, alegría y sentido nuestras vidas y pienso también en todo lo que él se llevó de nosotros.

Me pasa seguido que la gente me pregunta cómo fue trabajar con Juan Gabriel. Ahora lo que más claro revivo en mi memoria son los momentos cotidianos. Curiosamente, el día que entré a su casa no me sentía tan nerviosa. La sensación era muy similar a la que sentía de pequeña entrando a la casa de mis tías abuelas, que tanto quería y tanto me gustaba visitar. Ese lugar donde se cocinaban recetas mexicanas, donde se platicaba muy amenamente en el patio lleno de plantas, la casa donde se desayunaban huevitos a la mexicana con chilaquiles.

Lo vi entrar por la puerta. Traía puesta su pijama azul claro: ahí estaba una leyenda de la música frente a mí, dándome la bienvenida a su hogar, abriendo sus brazos y su corazón. Me abrazó y en ese instante supe que las cosas saldrían muy bien en tan inesperado encuentro.

Tanto mi mente como todo mi ser, estaban llenos de confusiones. No entendía por qué él quería que yo cantara su canción. Tampoco sabía cuál cantaría ni cómo sería la dinámica de mi visita. Me tomó la mano y comenzó a mostrarme su casa; era una mano calientita y me hacía sentir como una niña. Así salimos a un pasillo y después entramos a un cuarto, otro cuarto y otro cuarto. Cada lugar era un mundo hermoso y único como él. Cada rincón tenía ese color que, seguro, él había escogido; ese adorno o ese detalle que lo convertía en un lugar único. Como ese elefante de dos metros de altura que llegó desde la India. Recuerdo los muebles, los trajes típicos de sus muñecas. Recuerdo ver a México en cada rincón de esa casa y la tradición y cotidianidad con sabor a México.

Ese día comenzó a las 6:30 de la tarde y terminó a las 5:00 de la mañana. Ahí entendí que con él era de noche la cosa. En el estudio pasamos horas, me hizo cantar tres temas en total. Canté una canción inédita, de la cual no recuerdo el nombre, pero sí recuerdo pensar en que no tenía la menor idea de cómo interpretarla. Fue ahí que me sentí nerviosa y me di cuenta de que los micrófonos captan mágicamente cualquier miedo, inseguridad o incertidumbre que uno tenga presente al interpretar una canción.

Sentía que él se daba cuenta perfecto de todo lo que me ocurría, no sólo en ese momento sino en mi vida. Me entregó la canción más difícil como la número uno para cantar y todo conmigo perfilaba para ser un desastre.

Primera toma e intenté con todo y mis fantasmas mentales, segundo *take* y él paró la canción. Sabía que no estaba cantando con el alma, sabía que no estaba usando mi corazón para interpretar esta pieza. Me pidió ir del otro lado, sentarme y después me dijo:

Me entregó la canción más difícil como la número uno para cantar y todo conmigo perfilaba a ser un desastre.

—Natalia, te voy a pedir que te escuches. Cuando uno está adentro y no se permite salir para escucharse y mirarse desde afuera, sigue cometiendo los mismos errores sin poder cambiarlos. Aprende a escucharte desde afuera y así sabrás qué es lo que tienes que cambiar. Obsérvate y así sabrás qué ajustes hacer para seguir adelante.

Imaginen el aprendizaje de esto. Así que escuché la peor toma, mi presentación ante él como intérprete de su tema. Pero algo dentro de mí me dejó saber ahí que, si había llegado hasta esa habitación donde él estaba, era por algo y también porque yo tenía lo necesario para poder cantar su canción. Así que decidí entrar de nuevo a la cabina y simplemente cantar para él con amor y humildad.

Hice otra toma. Fue mejor que la primera y él entró a la cabina, se conectó los audífonos y me tomó de las manos. Así fue como canté esa primera canción que él me dio y fue uno de los momentos más hermosos y mágicos que me tocó vivir junto a él. Imaginen su cuerpo y energía a través de sus manos, que tocando las mías me decían cómo quería que yo cantara esa canción para él.

Todo desapareció en ese momento y simplemente nos fuimos volando. Después vinieron más canciones y en cada una de ellas él estuvo dentro de la cabina, cuidándome y acompañándome en ese instante en el que aprendí cómo era conectar con tu corazón y tu alma para cantar una canción.

Poco después vino el momento de interpretar "Ya no vivo por vivir" y, si pude cantar esa canción como lo hice, fue gracias a él y su guía. Cuando era muy tarde nos fuimos a cenar y me sorprendió ver que tenían preparados para él unos ricos huevitos y chilaquiles con frijoles de la olla, hechos con todo el amor de sus cocineras.

Uno desde afuera imaginaría cualquier otra cosa, pero no. Adentro de esa casa había una cotidianidad hermosa, como la que se vive en las casas de México que tanto amo y ese calor familiar que necesitaba en ese momento de mi vida. Alberto y yo platicamos por unas horas. Me hizo preguntas. Yo estaba llena de dudas y trabajaba el disco *Mujer divina*, sin saber si funcionaría o no. Se lo mostré poco antes de mandarlo a la mezcla. Ahora cómo me arrepiento porque no lo invité a cantar en ese disco. La razón era que una parte de mí sentía que eso sí era mucho pedir y después estaba en la sala de su casa, compartiéndole algo tan especial e importante.

Por cierto, me hizo ponerlo de principio a fin, escuchando con toda su atención cada uno de los temas. Me dio tantos consejos hermosos, me habló sin un pelo en la lengua, como decimos. Se abrió como lo hace un familiar, alguien que te ama y te conoce de toda la vida. Mis ojos se cerraban solos. Ya no podía de sueño, pero él sí tenía toda la energía. Tuve que disculparme y decirle:

—¿Nos vemos mañana?

Él me abrazó, me dio un beso en la cabeza y me llevó hasta mi cuarto. El mar acompañaba nuestras pláticas y la casa quedaba más silenciosa y vacía conforme las horas pasaban. Cuando estaba dentro de mi cama agradecí mucho por estar ahí y poder vivir esa experiencia.

Tengo muchos momentos para contar, pero no se trata de mí. Se trata de una pena que ahora todos cargamos y sentimos. Juan Gabriel suena en todas partes ahora mismo, todos sentimos la misma tristeza.

Me pregunto si el día anterior a su muerte, mientras él se preparaba para este ritual y momento tan poderoso: el escenario, ya sabía que lo esperaban del otro lado. Me pregunto si sabía, porque los poquitos momentos que me tocó compartir con él, pude percibir la inmensidad de su sabiduría y sensibilidad. Sabía perfectamente lo mucho que lo amamos, sabía perfectamente lo importante que era y es en la vida de todos

nosotros y por eso seguía trabajando y dando tanto con esos planes maravillosos que tenía entre manos.

Agradezco tanto todo lo que aprendí al visitarlo en su casa... Agradezco tanto sus palabras honestas y directas, que ocurrían mientras le compartía mi música. Agradezco su humildad y que siempre me hiciera sentir en familia. Lamento mucho que Juan Gabriel ya no esté físicamente con nosotros. Pienso que si yo pudiera elegir la muerte, cómo y dónde, amaría morir cantando como él.

Hasta el último momento Juan Gabriel llenó de vida y alegría a todos aquellos que lo acompañaban en cada uno de sus conciertos. Ahora nosotros podemos mantener viva su música mientras sigamos cantándola y mostrándola a nuestros hijos y a los hijos de nuestros hijos. Así es. Una leyenda de la música en México. Un hombre que hizo historia y por ello forma parte de nuestra historia.

Gracias, Juan Gabriel. Te amamos. Donde quiera que estés, aquí estamos siempre contigo. En el altar de nuestra casa tendremos una vela encendida justo frente a nuestra foto y ese regalo tan hermoso que me diste cuando te visité por primera vez. En mis conciertos seguiré cantando "Ya no vivo por vivir", esta canción se ha convertido en un himno a la vida para mí, que me recuerda vivir intensamente y no tener miedo a aquellos lugares incómodos y desconocidos que, por cierto, tú me recomendaste nunca dejar de visitar.

Te adoro, gran amigo. Te adoro, gran maestro. Y te recordaré por siempre con todo el amor. Que en paz descanses.

No quería ser viejo

Luis de Llano

Luis de Llano. El creador de grupos pop como Timbiriche y grandes conceptos televisivos, compartió todos los climas y muchos festivales musicales con Juan Gabriel. Está convencido de que lo único que le faltó hacer fue una comedia musical sobre su vida y que hoy está en una isla junto a Elvis Presley, Freddie Mercury y Michael Jackson pasándola bien.

La primera vez que vi a Juan Gabriel yo era muy joven y andaba en el rock. Cuando empezaba *Siempre en domingo* quizá me topé con él un par de veces, pero yo andaba en otra música. Pasaron muchos años y después, ya que empecé a producir cosas más en serio, tuve la oportunidad de trabajar con él en varias ediciones del Festival Acapulco.

Una vez hicimos una grabación especial para *TVyNovelas*, en donde se hizo un popurrí de todos sus temas, y lo interesante es que para hacer eso lo íbamos a visitar a su casa de Playa del Carmen. Entonces llegábamos ahí, nos recibía y nos trataba tan bien, que hasta mi esposa se quedó admirada.

—¡Qué tipazo! —dijo ella.

Nos hizo de cenar, nos atendió y luego nos llevó a su estudio. Nos presumió su casa, que era muy hindú y en su estudio nos tuvo hasta las cinco de la mañana escuchando los duetos y las flamencas. Y todo fue así, en plan "¿qué vamos a hacer?". Planearlo todo fue una experiencia muy interesante.

Recuerdo como anécdota que en el Festival Acapulco nos pidió un camerino que fuera hindú, entonces nos pusimos a buscar dónde conseguir cosas para decorarlo. Y lo montamos todo. Luego, cuando salió, ¡se disfrazó de Gaddafi!, de azul y con un sombrero. Pero la verdad es que fue una experiencia interesante.

En otra ocasión lo fuimos a visitar a su casa de San Miguel de Allende. Estando ahí, a la hora de la comida, nos sacó una caja llena de fotos. El día que alguien consiga esa caja de fotos será el tesoro más grande del mundo, porque en esas fotos salía con todos los artistas con los que había trabajado. Eran fotos impresas.

Creo que fue muy respetuoso. Nunca me pudo hablar más que de usted. Yo le decía:

—Pero si yo soy más grande que tú.

—No me importa. A *usté* yo lo respeto por su padre y por su madre.

Te hacía sentir muy cómodo. Y al mismo tiempo se ensilló en su forma de ser y creo que al genio que llevaba dentro no sabías en qué momento le inspiraba qué cosa.

Tenía su estudio muy bien montado. A donde iba, se llevaba sus consolas y hacía sus producciones. Fue muy especial, porque él era su propio productor y director. Su familia le manejaba la parte del dinero y las contrataciones, pero, ¿qué espectáculo había en México que tuviera más acción que la de Juan Gabriel? Orquesta

¿Qué espectáculo había en México que tuviera más acción que la de Juan Gabriel?

sinfónica, Magallanes dirigiendo, el mariachi, bailarines, cuarenta coros. ¡Todo lo hacía él! Y mi mamá decía algo muy cierto: "Cuando tienes talento no necesitas hacer tantas cosas en escena, la luz sale de ti". Y todas estas artistitas que se rodean de cuarenta bailarines y efectos especiales con explosiones, fuegos artificiales, luces robóticas y todo, no sirven para nada. Si tú tienes talento, se refleja. Y el público, a través de la cámara, se vuelve cómplice del artista y vive esas cosas.

Juan Gabriel llegaba al alma de la gente muy rápido. No se tardaba en calentar un show. Y la magia de Juan Gabriel es que vivía de todos sus *hits*. O sea, cuando salía con una nueva canción no decía: "mi último sencillo". No. Él primero te metía a su viaje, a sus canciones. Era como el *soundtrack* de tu vida, según la edad en la que tú te enamoraste o viviste con alguien, porque te recordaba tu edad, tu época, tu mujer, tus aventuras, tus amigos, las borracheras, todos tus conflictos, sufrimientos, fracasos y éxitos. Él tenía esa forma de manejar los sentimientos.

Yo no sé leer poesía. La poesía me cuesta mucho trabajo, pero si tiene música, sí la puedo leer. Yo creo que Juan Gabriel pudo encontrar poesía en su música, en sus arreglos y sus letras. ¡Era difícil encontrarle música a las letras que él hacía! Y lo mismo hacía un *beat* maravilloso que una cosa superdramática. ¡Tan sólo los duetos que tiene! Faltan muchos por salir, y creo que con eso tendrán para hacer varios discos.

Me dijo: "Yo no quiero premios. A mí no me gustan esas cosas. Mi mejor premio es que la gente esté llorando conmigo".

Varias veces que lo visitamos, Juan Gabriel y yo hablamos de lo que implica el éxito. Creo que el problema del éxito es que también se vuelve una cosa muy enferma. El problema con el éxito es mantenerlo: sientes que se te va mañana. Tienes que reinventarte todo el tiempo. Yo creo que él cambió muchas veces y lo que le faltó a Juan Gabriel fue volverse productor de sus espectáculos. ¡Aunque fue productor de todo! Yo creo que únicamente faltó que hiciera su comedia musical en vida. Y él me lo dijo alguna vez:

—Don Luis, yo me quiero morir en el escenario. Yo no quiero que me hagan homenajes.

Y creo que eso fue muy respetado por su familia. No le gustaba lo de "vamos a hacer un programa y a darte un premio".

—Yo no quiero premios. A mí no me gustan esas cosas. Mi mejor premio es que la gente esté llorando conmigo.

Así me lo dijo varias veces.

He pensado mucho lo que dicen ahora, de que él se escapó con el pretexto de su muerte. Pienso que existe una isla en el sur de África donde muchos se han ido a vivir porque, de repente, lo que tienen a continuación es bien difícil. Yo creo que un hombre como él, que tenía los problemas cardiovasculares o de diabetes y tenía que tener una gira de 30 shows de tres horas cada uno te hace pensar todo dos veces. ¿A dónde se fue Elvis Presley? ¿A dónde se fue Michael Jackson? ¿A dónde se fue Freddie Mercury? Yo siento que, en el fondo, por lo menos su alma se fue a un lugar así, donde todas esas superestrellas están conviviendo juntas.

Yo no creo que Juan Gabriel hubiera querido ser viejo. Creo que él se quedó en el viaje en se quedó, porque cada canción para él era un principio de vida y un fin de vida. Así cantaba las cosas. Mi canción favorita es "No tengo dinero", cuando estoy tronado. Aunque creo que ha habido muchas. No digo que me las sé todas —mi mujer sí—, pero pasa que llegas a un concierto, no te las sabes y acabas cantándolas. ¿Cómo? No sé.

A mí me gustaría que alguien le compusiera una canción a Juan Gabriel. Nadie lo ha hecho hasta ahorita, que yo sepa. Nada más viven de ver qué canción agarran de Juan Gabriel o a ver qué chisme meten. Cualquier canción que él te daba era porque te la hacía especialmente. Yo no creo que él tuviera un repertorio y sacara canciones que en realidad le escribieran otras personas, como muchos que tienen sus productores y escritores fantasma.

Me acuerdo de Daniela Romo, con la canción que hizo para la telenovela *El camino secreto*. Se la hizo a ella porque sólo ella la podía cantar. Así las canciones que hizo para la Dúrcal, o las que le hizo a la Pantoja, o de las que todo el mundo empezó a saber pues decían: "Juan Gabriel me la hizo a mí".

Creo que por eso todo el mundo se arrebataba el nombre de Juan Gabriel. No dudo incluso que en unos años se arreglen las cosas, los problemas de derechos, y saque Luis Miguel un disco de Juan Gabriel. O que todo el mundo empiece a sacar esas canciones, porque también el intérprete tiene que meterle lo suyo. Con Luis Miguel a mí me parecería interesante.

Para cantar canciones de Juan Gabriel tienes que ser muy caliente.

Además, nunca vamos a saber cuántas canciones escribió, porque hace tiempo Manzanero dijo que nada más tenía 605 registradas. Y las demás, ¿dónde están?, ¿quién las tiene?

Está como mi papá, que escribía o traducía canciones. Las tenían en la oficina de autores y nunca fue a recoger regalías. Nunca supo realmente si se las reconocieron o a dónde se fueron las regalías de eso.

Lo triste ahora es que ya están queriendo explotar todo lo que es posible de Juan Gabriel. En un homenaje quieres hacer una interpretación y te aparece gente que te quiere cobrar regalías. Obviamente ese es el negocio de los vivos, los hijos de los famosos.

Creo que Juan Gabriel ha de haber sufrido mucho durante sus épocas de joven en Juárez o en la cárcel de Lecumberri. Eso

es lo que sabemos, porque la verdad no sabemos más que el 10% de la verdad. Y tampoco queremos saber más. Creo que todo lo supo cuajar, imprimir en sus canciones.

No dudo nada del dueto que se espera con Elton John. Si pudo hacer el cover de los Creedence, "Clearwater revival"... Pero no sé si Elton John, siendo inglés y con la flema inglesa, pudiese entender lo que Juan Gabriel decía. Me parece difícil. Creo que Elton John no tiene la sensibilidad, que es demasiado *british* y estilizado. Para cantar canciones de Juan Gabriel tienes que ser muy caliente.

Lo triste es que en esta vida lo que se queda es la canción. El cantante desaparece y la canción se queda. El concepto y la canción son lo que importa. Por lo tanto, yo creo que Juan Gabriel va a seguir existiendo. Será una marca de amor, de nostalgia, de sentimiento y siempre estará presente. Y habrá versiones e imitadores y quien quiera parecerse de alguna forma a su estilo. Pero va a estar difícil, porque la gente así no se da todo el tiempo.

La balada de nuestra amistad

Angélica María

Angélica María. Hay mujeres que abren caminos, Angélica María es una de ellas. Luego de ser rocanrrolera, creó la balada ranchera de la mano de su amigo Juan Gabriel, a quien conoció a principios de los setenta como corista y bajo el nombre de Adán Luna. "Y tú sigues siendo el mismo", fue todo un suceso radial. Compartían las ganas de comerse el mundo.

Juan Gabriel nos hacía coros, en ese entonces usaba su nombre de pila: Alberto. Fue cuando hice la telenovela *Muchacha italiana viene a casarse*, con el tema "A dónde va nuestro amor". Fue un trancazo, pero creo que me dieron pocos pesos de regalías, entonces me salí furiosa de RCA.

Le avisé al productor Eduardo Magallanes que yo ya no estaba en la compañía. Le pedí canciones para grabar ranchero, y me las mandó. Grabé "Me gusta estar contigo" y otros temas para el disco, pero hubo una canción que dije: "Esto hay que grabarlo con mariachi". Era una canción compuesta por Alberto. Apenas comenzaba a escucharse "No tengo dinero" y yo no sabía quién era Juan Gabriel. Me decían: "El de los coros", pero no sabía que Juan Gabriel empezaba a sonar. Escogí la canción y me dije: "Esto debe ir como balada, vamos a inventar la balada ranchera", y de ahí surgió ese género. Entonces ni siquiera Alberto sabía que su canción iba a ser la primera balada ranchera, nadie lo sabía. Y fue la única de ese disco.

La balada ranchera se inventó con una canción de Juan Gabriel y, en particular, con el arreglo maravilloso que hizo Pedro Ramírez. Él era el trompetista y arreglista del gran y maravilloso Mariachi México. Pedro Ramírez después fue arreglista de Vicente Fernández y de un montón de gente.

Después vino Rocío Dúrcal y todos los demás comenzaron a grabar baladas rancheras, pero la primera fui yo. En ese momento ni siquiera nos vimos Alberto y yo, pero me mandó a decir: "¡Qué padre!", pues fui la primera mujer en vender dos millones de discos en aquella época en Estados Unidos. ¡Dos millones! Y después, ese éxito se repitió en México y se volvió otro trancazo. Sin embargo, ni Juan Gabriel ni el productor ni yo ni nadie recibimos dinero por ese disco. Además, el productor tuvo muchas broncas porque no había pasta para hacer los discos. ¡Era un momento en que se había acabado! Él tuvo que esperar para lanzar el disco. Ya querían remesa y no se podía lanzar. En fin.

No recuerdo mi primer encuentro con Alberto. Simplemente me acuerdo de que era un muchacho muy coquetón, muy alegre, vacilador y muy lindo. A mí me daba mucha ternura, desde que lo conocí. Cuando me enteré de que iba a triunfar me dio un gusto enorme porque se lo merecía. ¡Desde luego! Iba a triunfar con o sin apoyo, porque era un genio.

Yo le llevaba seis años de carrera y tras grabar la balada ranchera creció mi popularidad. Los años setenta para mí fueron maravillosos, lo mejor de mi carrera. Después grabé un disco en el que están "Con tu amor", "Imaginación", "No volverás a verme", y "Adiós cariño", fue otro éxito rotundo. Al principio fuimos muy amigos; él estaba muy jovencito y me platicaba:

—Mira, voy a hacer esta canción.

—¿Ah sí? —le decía yo y entonces nos confesábamos nuestros sueños y lo que queríamos hacer

A veces me decía una frase, a veces cuatro líneas y me daba un besito.

en la vida. Nos la pasábamos platicando, románticos, hablando de amor. Siempre de nuestros anhelos. De ahí se iba y componía, incluso algunas de sus primeras canciones las comenzaba a escribir en mi casa.

A veces lo veía componer. Fueron como dos o tres veces que él me dijo: "Dame un papel". Así se le ocurría algo y entonces apuntaba. A veces me decía una frase, a veces cuatro líneas y me

daba un besito. Seguramente esas canciones son las que me dio
a grabar, porque platicábamos de sus experiencias amorosas y las
mías, y eso era el material de sus canciones.

Recuerdo que era comelón. En mi casa comía palomitas,
chocolates y unas cosas de ese tiempo que se llamaban "frescas".
Todo le gustaba. Era dulcero y como yo también era dulcera los
dos disfrutábamos el tiempo juntos. En particular, yo hacía unas
crepas de cajeta muy ricas y a él le encantaban. Los dos éramos
de antojos. Si íbamos a platicar, primero nos tomábamos un va-
sito de agua y luego empezábamos a comer. Primero, botana, y
luego ya nos daban ganas de cenar. Yo le hacía unas enchiladas
suizas muy ricas.

Nos quedábamos hasta arriba en mi estudio, pues en casa yo
tenía ese espacio para grabar y montar mis shows. Pasábamos
la tarde siempre ahí.
Llegaba como desde las
dos, comíamos como a
las 2:30 y de ahí nos se-
guíamos como hasta las

Él siempre fue muy fino, muy lindo y cariñoso.

siete u ocho. Se iba a las diez, máximo. Después nos separó el
trabajo. Ya casi no nos volvimos a ver, sólo cuando nos encontrábamos en algún lugar. Así es la vida, a veces te separa.

Años después volvimos a vernos, tras el éxito de "Tú sigues
siendo el mismo". Grabé con él baladas —no rancheras, sólo
baladas— y canciones más moviditas, muy a su estilo. Él siempre
fue muy fino, muy lindo y cariñoso.

La última vez que nos vimos fue uno o dos años antes de que
muriera en Los Ángeles y nuestro encuentro lo tienen grabado en Televisa; él sale hincado, cantando y abrazándome muy

fuerte. Fue muy bella experiencia, porque habíamos dejado de frecuentarnos por muchos años y de pronto nos encontramos. Esto ocurrió una vez que me acerqué a Karina Manzur, su corista principal y amiga de mi hija desde chiquitas. Le dije:

—Kari, me gustaría ver a Juanga ahora que venga.

—Ay, ¡qué padre! Sí, tía —aún me dice tía.

Ella me consiguió los boletos con Alberto y estuvimos en primera fila. Me dedicaba todo con sus ojos, mirándome todo el tiempo hasta que se acercó. Me dijo: "Angélica, te quiero mucho". Me cantó "Abrázame muy fuerte" y toda la canción me tomó de la mano, fue muy bonito, lloré como Magdalena. Al final me dijo: "Te amo" con su boquita, ya sin sonido.

Él también conoció a mi hija. Le gustaba mucho cómo cantaba. "Tu hija es divina", me decía. "¡Y cómo canta!". Yo le iba a pedir que la grabara, pero se nos fue. Hubiera sido sensacional, pero ni modo, por algo pasan las cosas. Con mi hija era cariñosísimo, siempre le decía: "Eres mi gallo", así como María Félix. Estaba chiquitita, tenía cuatro años y la Félix le decía: "Tú eres mi gallo, Angeliquita". Y así también le decía Alberto.

No es que tenga buena mano, pero al igual que con Alberto, también pude iniciar con Joan Sebastian. En realidad creo que tuve buen gusto y ellos eran excelentes. Lo mismo me pasó con Manzanero, por ejemplo. Mi mamá fue la que lo descubrió y lo llevaba a todas sus películas. Yo exigía que sus canciones estuvieran en mis películas, si no, no las hacía. Entonces accedían.

O sea que he tenido suerte de conocer gente talentosa. Y si de alguna forma les pude dar un empujón, qué bueno. Fue sin querer, como cuando le decía a Joan Sebastian con quién debía hablar para conseguir atención. De otra forma, yo lo hubiera llevado de la mano. Y a Juan Gabriel pues, ¿cómo no? ¡Era un genio! Oí sus canciones y me gustaron. ¡Cómo no las iba a grabar! Era tan buena su letra que a mí me inspiró para inventar la balada ranchera.

Cuando me enteré de su muerte estaba en mi departamento, junto con mi familia, en Los Ángeles. Me llamaron para darme la noticia, pero no lo creí. Y todavía no me cae el veinte. La verdad es muy doloroso. Pero pienso que debemos recordarlo como era: dicharachero, simpático, vacilador, dando sus vueltas, bailando los flamencos, echando relajo. Así, muy espontáneo y simpático. De esta forma es como lo recordaré.

Compadres

Lucía Méndez

Lucía Méndez. La mujer que hipnotizaba con su belleza, se lanzó como cantante y vendió un millón de copias con una canción del que sería su compadre eterno. Alberto Aguilera le ayudó a convertir una crisis del corazón en un éxito impresionante. La Méndez y Juan Gabriel estaban unidos por un bebé, la comida china y la canción "Un alma en pena".

onocí a Juan Gabriel cuando fui a Televisa. No recuerdo bien si fue en el 75 o 76. Entonces él estaba cantando "No tengo dinero" y yo le dije:

—Yo tampoco tengo dinero, soy igual que tú. No tengo dinero ni nada que dar.

En ese momento me miró y se rio mucho. Nos caímos bien. Empezamos a hablar y nos hicimos amigos. Yo era novia de Valentín Trujillo, que en ese tiempo era el actor de cine más famoso de México. Era un tipo agradable, pero a mis 18 años me dijo que se quería casar y que si no me casaba con él, lo haría con otra.

—Ay, pues cásate con quien quieras —le dije.

Y cuál fue mi sorpresa que a los ocho días se casó con otra. Así fue. Yo estaba muy triste. Entonces lo busqué, le llamé y me hizo de comer. Empecé a llorar y le dije:

—Ay, no. Es que imagínate, Alberto, a este desgraciado…

Y en ese momento agarró la guitarra y comenzó a cantarme "Siempre estoy pensando en ti". Me imagino que ya la tenía escrita y me la dio en ese momento. Con esa canción hicimos un éxito y se vendió un millón de copias. Y ahí empezó nuestra amistad, cuando la cantamos juntos en televisión. Yo iba a su casa –le gustaba mucho la comida china– y siempre era muy sonriente y muy alivianado. Llamaba la atención su sencillez porque era un genio, pero en realidad conmigo siempre fue divino. Me dio "Para qué me haces llorar", "Un alma en pena", "Frente a frente", "Siempre estoy pensando en ti"… Me dio muchas canciones que ahora siguen siendo éxitos.

Eso fue el inicio, pero cerca del final también tuve contacto con él, cuando organizaba el show *Un alma en pena*. Lo vi en el Auditorio Nacional casi un año antes de que él muriera. También vio a mi hijo Pedro Antonio y lo saludó muy cariñoso. Fue divino con él. Lo trató tan bonito que a mí se me hizo un nudo en la garganta. Desde el momento en que Pedro nació hasta sus 14 o 15 años, él vivió en Miami y cada año llegaba el día de su cumpleaños con cientos de regalos. Le llevaba bates porque Pedro Antonio era el atleta del año —siempre lo fue—, entonces él se sentía muy orgulloso de Pedro y le compraba cosas padrísimas. La ocasión en que lo vimos en el Auditorio ambos empezaron a recordar detalles de esos tiempos. Y cuando subió a cantar, Pedro Antonio estaba emocionadísimo con su padrino. Yo no lo había visto tan emocionado con nadie —y eso que ve artistas desde niño con su papá y conmigo—, pero con Juan Gabriel estaba muy entusiasmado. Fue el día que canté con él en el Auditorio.

Pasó el tiempo y nos empezamos a mandar correos, porque era la manera en que él se comunicaba mejor. No tanto por teléfono ni Twitter ni Facebook; él era de correos. Aproximadamente una semana antes de que él muriera, le escribí:

Llamaba la atención su sencillez porque era un genio.

"Ay, compadre, fíjate que estoy montando un nuevo show que se llama «Lucía Méndez en escena». Fíjate que voy a poner «Un alma en pena» ¿Qué se te ocurre?"

Entonces me dijo algo fantástico:

"Hazlo teatral, ponle efectos como los de Diana Salazar. Esa mujer era de efectos especiales. Ella tenía poderes, así es que hazlo muy mágico para que ese número haga muy atractivo tu espectáculo. Te va a dar mucha taquilla. Canta rancheras, no dejes de cantar las canciones que yo te di y pon algunas canciones mías o de José Alfredo Jiménez, tu paisano. ¡Pero no dejes de poner mariachi!".

Le respondí:

"Compadre, lo voy a hacer tal como me lo dijiste. Es muy buena idea".

Y a los ocho días se murió.

Me dolió mucho. Me dolió porque, aunque no lo veía, sí tenía comunicación con él. A veces, cuando él se ponía un poco sentimental o triste, se aislaba. Pero luego volvía otra vez. Yo le escribía otro mail. Insistía y luego él me contestaba. "Mira, estoy bien, voy a ir acá o voy a ir allá", me respondía muy amable. Su partida me afectó mucho, pues no sólo tenía una relación musical con él; fuimos muy amigos desde que éramos unos chavos. Le contaba de mis cosas y mis novios. Bautizamos juntos a mi hijo con Pedro Torres. Yo le pedí que fuera mi compadre. Le dije:

—Oye, quiero que tú bautices a mi hijo.

—Ay, ¿en serio? —me contestó.

—Sí, quiero bautices a mi hijo. Quiero que le eches su agüita, que le des suerte. Tienes mucha estrella y no quiero que nadie lo bautice más que tú.

Entonces me dijo:

—Sí, sí. Yo te lo bautizo.

Y lo hicimos el 26 de enero de 1989. Estuvo divino. Juan Gabriel llegó a la fiesta y estuvo una hora con nosotros, porque le hicimos todo vegetariano. Estaba Emmanuel, José José y mucha gente linda. Cuando llegó me tomó de la mano y me dijo:

—Vente, comadre, vamos a ver al niño.

Subió y estuvo con él. El niño lloró, así que él lo cambió y lo arrulló. Después prácticamente terminó la fiesta en el cuarto del niño. Subí yo, luego Pedro, después José José. Todos iban a platicar con él, pero él quería estar en el cuarto del niño.

No cabe duda de que voy a extrañar su personalidad, su sentido del humor, sus consejos, sus regaños. Todo lo que implicaba ser Juan Gabriel, porque cuando él te regañaba o te decía que algo estaba mal, tenía toda la razón. Lo que más voy a extrañar es eso, sus consejos sabios, llenos de cariño. Esa gran idea que me dio para mi puesta en escena me conmovió. Me decía:

—Tienes un personaje con poderes y es un ícono popular: Diana Salazar.

Siempre expresaba cosas certeras. Yo veo difícil que vuelva a existir un fenómeno musical como él. Era compositor y eso marca una diferencia muy grande. Por ejemplo, otra carrera que yo respeto mucho es la de Vicente Fernández. Obviamente, porque es un tipazo, pero Juan Gabriel componía canciones y era un *showman*. Eso lo veíamos cuando él estaba más chavo con las muestras que daba en el escenario.

Era impresionante la manera en que estremecía a la gente y la hacía cantar.

Era impresionante la manera en que estremecía a la gente y la hacía cantar. Era un compositor, cantante y *showman*. Mi canción favorita de él es "Hasta que te conocí". Esa no tiene madre, la verdad.

Juntos tuvimos muchos éxitos. Me dio "Por qué me haces llorar", que vendió como medio millón de discos, y luego

"Frente a frente". "Un alma en pena" ya está considerada como un clásico. A todo lo que él le ponía energía y pasión, triunfaba. También sus consejos siempre llevaban la energía y la pasión de Juan Gabriel.

Fue mi maestro

Pablo Montero

Pablo Montero. Es un exitoso y polémico cantante de ranchero. Un seductor nato dentro y fuera del traje de charro. Era uno de los intérpretes favoritos de Juan Gabriel en los últimos años. Compartieron el escenario muchas veces y fue uno de los pocos cantantes que montó guardia junto a sus restos en el Palacio de Bellas Artes. En lo privado fueron buenos amigos que se hablaban por su nombres reales: Alberto y Óscar. Es una de las voces que quedaron grabadas para el tercer disco de duetos de Juan Gabriel, que pronto saldrá a la venta.

onocer a Juan Gabriel cambiaba a las personas. Si su muerte le afectó a la impresionante cantidad de gente que llegó a su funeral en Bellas Artes —había señoras llorando y contando anécdotas, como si él hubiera sido parte de su familia— entonces, ¡qué decir de quienes sí lo conocimos! Era un ser humano muy lindo. Y además tenía un sentido del humor increíble. Te hacía reír y te daba consejos. Yo lo sentía como si fuera mi tío. Nos quería mucho a sus amigos.

Lo conocí en el restaurante Cícero Centenario, porque yo cantaba ahí. La señora Moctezuma, dueña del lugar, me pidió que le cantara "Te lo pido por favor". Después me invitaron a hacer el video de la canción "Pero qué necesidad". Necesitaban a un charro y Darío León, su mánager de ese momento, me mandó llamar.

Tiempo antes, me habían invitado a verlo en el Auditorio Nacional. Ahí me quedé impresionado porque lo estaba viendo desde un costado, atrás de las cortinas. La energía que le ponía a su interpretación era increíble.

Después de hacer el video, me lo presentaron más formalmente en el Auditorio. Luego me invitaron a Los Ángeles, cuando di a conocer mi primer disco en el año 94. Ya en el 2000 fui a Los Ángeles a lanzar otro disco. Le dije que estaba grabando un tema suyo y que esa noche iría a verlo. Fui a llevarle una copia al Gibson Theater, que está por los Estudios Universal. Ahí ocurrió nuestra primera foto. Después de su presentación, me pasaron a la parte de atrás para saludarlo. Y luego, ya que nos íbamos, nos invitó junto a otras personas a cenar. Platicamos de muchas cosas. Él es-

147

taba grabando con Homero Patrón, quien le hizo muchos discos a él y a Rocío Dúrcal. Luego Homero también me hizo un disco.

En esa ocasión Juan Gabriel me explicó muchas cosas de la música y las grabaciones, muchas de ellas me resultaron fundamentales.

Durante mucho tiempo iba a verlo a sus conciertos en el Auditorio y de repente él me subía al escenario.

Después de eso, ya me invitaba a verlo cada vez que venía a México. Cuando llegaba, de pronto nos íbamos a cenar. Normalmente se quedaba en el hotel Sheraton María Isabel. Pedía una habitación grandísima donde tenía comedor y ahí se hacían las cenas. Incluso recuerdo que llevé una vez a Mariana Seoane. Él siempre me daba consejos de qué es lo que tenía que hacer y cómo hacerlo.

Durante mucho tiempo iba a verlo a sus conciertos en el Auditorio y de repente él me subía al escenario. De entre el público me tomaba de la mano y yo subía para cantar. Cantamos juntos varias canciones. La que más me pedía era "Costumbres". Posteriormente, me llegó una invitación. Me habló Jesús Salas, su representante, y dijo:

—Me gustaría hablar contigo porque Alberto quiere que cantes con él en el Auditorio, pero ya en forma. Te tienes que preparar bien porque te vamos a poner 20 bailarinas y una orquesta de 40 músicos. Los dos van a cantar una canción juntos. Debes viajar a su casa en la Riviera Maya.

Entonces fuimos. Yo iba con Caro y las niñas. Desde que llegamos al pueblo, todo estuvo de maravilla. Fuimos a conocer la casa y sus alrededores. Alberto me iba platicando muchas cosas, algunas de la familia y otras de varios temas. Nos atacábamos de risa.

En otra ocasión, me dijo:

—¿Sabes qué? Te voy a decir una cosa, Óscar —me decía Oscarito u Óscar. Me puso una canción que acababa de grabar, y continuó—: Esto es lo que tienes que hacer diario. Debes darle un descanso a la actuación y dedicarte al cien por ciento a tu música, porque vienen cosas bien bonitas para ti. Es muy importante en tu carrera.

Me lo dijo de una manera profética, porque la verdad me ha ido muy bien. Me han pasado cosas muy lindas. Ahora acabamos de firmar un contrato para todo Estados Unidos, República Dominicana, Colombia, Perú y toda Sudamérica. Viene una gira muy grande y bueno, creo que una parte de los músicos de Alberto me acompañarán.

Creo que una parte de los músicos de Alberto me acompañarán.

Una vez en el Auditorio Nacional, teníamos una presentación juntos y se me olvidó la letra de la canción. Él era tan bueno y se sentía tan cómodo en el escenario, que me la recordaba con la boca. Me estaba "soplando", pues. A mí me temblaban las patitas en situaciones así. Él nomás se reía. Disfruté mucho esa presentación, fue uno de los momentos más bonitos que he tenido en el escenario. Más que compañero, fue un maestro. Y la gente estaba increíble. Cuando Alberto me presentó, lo hizo de tal forma que la gente lanzó un grito. Al día siguiente él ofrecía su último concierto, entonces le dije:

—Oye, mi mamá te va a hacer unos burritos —le gustaban muchos los burritos de papa con queso y chile—. Mañana te los traigo.

Pero al día siguiente tenía que salir del país y apenas lo alcancé, ya cuando estaba en la camioneta. Le llevé los burritos y me dijo:

—Me los voy a comer en el avión rumbo a Los Ángeles.

Eso fue en mayo más o menos. Después me llamaron de su equipo:

—Alberto quiere grabar contigo en su tercer disco de duetos. Me pidió que te llamara para que te fueras preparando.

Fue el último disco que él grabó. Entre otras piezas del álbum, se contemplaba un dueto con Elton John. Creo que a él le quedó como gran pendiente ese dueto. Me parece que ya estaba autorizado. Eso hubiera sido espectacular. Yo grabé mi pista en Los Ángeles. Él la escuchó 15 veces después de que la grabamos. El tema iba a ser un sencillo, se llama "Todo". Yo no quería cantar en el tono de la canción y le dije:

—¿Sabes qué? Ese tono me queda muy alto.

—No, no, no —me dijo—. La vas a cantar en el tono con que se va a hacer.

Finalmente, la canción quedó increíble. Y me dijeron que él quedó encantado.

Durante su funeral en Bellas Artes, la verdad resentí mucho su partida por todo lo que compartimos.

—¡Cómo te quería Alberto!, eras de sus consentidos. Y aparte, se preocupaba por ti. Siempre estaba al pendiente de que estuvieras bien —me dijo Jesús Salas en ese momento.

Se nos fue un gran ídolo. Yo creo que ha sido el funeral más

importante de la historia de México. Jamás vi otro tan concurrido, tan llorado. Y si hubiera entrado el cuerpo, habría sido
más fuerte todavía, hubiera sido una locura. Fue uno de los
compositores más importantes que han existido. Un gran artista, un gran cantante. De los más trascendentales del mundo y
de los más chingones de México.

Alberto era una persona muy trabajadora. Se levantaba en las
noches a trabajar. Era muy creativo; todo el tiempo estaba pensando en qué iba a hacer en su show. Se concentraba en todos los
detalles, así que quienes convivimos con él forzosamente apren-
dimos. Confieso que mi show lo tengo en buena medida basado
en su estilo. Desde hace como ocho años me acompañan 20 músicos, entonces es muy parecido a la dinámica que él presentaba.

Era muy original

Marco Antonio Muñiz

Marco Antonio Muñiz. Otro mito viviente. Lleva 64 años sobre los escenarios y es un lujo escucharlo. Juan Gabriel le decía "maestro", pero siempre fueron cercanos y disfrutaban de cantar juntos en cualquier lugar, desde una improvisada bohemia, hasta el mejor sitio de México o Puerto Rico. Ayudó mucho al Divo de Juárez en sus inicios, pero a él le gusta que las buenas acciones queden en secreto.

Mi compadre Paco Malgesto tenía a su vez un compadre que se llamaba Humberto Mariles, que fue general y ganó una medalla de oro en Londres. Entonces, por alguna razón que no recuerdo, lo metieron a la cárcel de Lecumberri.

Paco y yo siempre fuimos uña y carne para muchas cosas. Pero él iba a visitar a su compadre Humberto a la prisión. Y ahí estaba Beto, era ayudante de cocina. De ahí lo sacaron y fue cuando lo conocí. No fuimos amigos en el momento. Más adelante, cuando empezó a sonar y a hacerse popular, nos vimos en Acapulco. Estábamos un grupo de artistas que habíamos ido a trabajar allá y él estaba pendiente de esa función. A mi mujer y a mí nos llamó directamente para que conociéramos la primera casa que había comprado en Acapulco. Ahí fue donde empezó la amistad. Nos quedamos tres días a dormir en su casa y más tarde, no sé por qué razón, fue a Puerto Rico en una de las temporadas en que yo trabajaba en el Caribe Hilton. De

Me tenía en una gran consideración y me decía "maestro".

esa ocasión conservo una fotografía donde él está muy jovencito, muy guapo.

Más adelante conocí la casa de Miami y la de Ciudad Juárez, invitado por él. Luego le grabé un par de canciones, que entre el maestro Magallanes y yo hicimos, a través de la RCA Victor. Y nos seguimos viendo en diferentes ocasiones. No fue mi amigo íntimo, ni estoy diciendo que nos besábamos ni nos abrazábamos, ni mucho menos. Pero me tenía en una gran consideración y me decía "maestro".

Entre otras cosas, recuerdo una anécdota que me causó mucha risa. En una ocasión me preguntó:

—Oiga maestro, ¿usted qué hace antes de salir a cantar? ¿calienta la garganta?

—Por supuesto que sí, Beto. Yo caliento la garganta antes de salir a cualquier espectáculo, por lo menos una hora y media estoy calentando en el camerino. Porque yo le tengo mucho miedo al ridículo. ¿Y usted, Beto, qué hace antes de salir a cantar?

—Yo empiezo a calentar en la tercer canción —me dijo.

Estuvimos trabajando juntos en varias ocasiones en el programa de Raúl Velasco, *Siempre en Domingo*. Su presencia se me hacía muy agradable.

Alberto era diferente por todo, porque nació con una estrella especial. Era original en todas las cosas que hacía, no se parecía a ningún artista, a ningún compositor. Sus letras no eran iguales a las de los compositores en general. Sus actuaciones ante el público eran totalmente diferentes a todos nosotros, que teníamos otra costumbre de trabajar. Pienso que él era una persona, aparte de especial, muy original, nunca se pareció a nadie en su vida artística, en su vida de amigos y en su vida privada.

El público lo valoró de una manera muy espontánea y bonita. Hay artistas que tienen que morir en el momento más oportuno. Y yo puedo contar lo que le pasó a Pedro Infante, que era más o menos la misma cosa. Él estaba en pleno apogeo de su fama y popularidad cuando murió.

Por ejemplo, no podemos comparar la manera de corresponder del público a Pedro Infante con aquella a Jorge Negrete, aunque tenían las mismas características, porque Jorge era tan buen cantante y artista como Pedro. Pero insisto, hay artistas que mueren justo en el momento más oportuno, para que se les recuerde, se les rece y llore. Y nosotros también lo recordamos con mucho cariño.

Alberto hizo cosas muy importantes musicalmente. Yo no le seguí la pista a todas sus canciones, porque no tenía tiempo de hacerlo. Él hacía dos o tres canciones diarias. Dijo que dejó como 600 y eso está por verse. Recientemente el presidente de los compositores, el señor Armando Manzanero, dijo que no era cierto y que en compositores teníamos registradas 412. La de "Se me olvidó otra vez" es una de sus canciones

Alberto hizo cosas muy importantes musicalmente.

más bonitas y mejor escritas. Alberto era tan original, que escribía lo que le pasaba en el mismo día, ya sea con tristeza, con alegría o porque se le perdió un perro. Por cualquier cosa. Era muy original y hasta se murió así, originalmente.

Yo no hice ninguna aparición durante su despedida porque me sentía defraudado de muchos compañeros que ni siquiera lo conocían. Gente que estaba llorando, diciendo que eran íntimos amigos y no era cierto. Pero yo me quedé al margen, recordando su memoria, su amistad y su talento.

Quería
la perfección
Napoleón

Napoleón. Compuso la canción "Después de tanto", pero Juan Gabriel siempre quiso ser el autor. Fue la broma eterna entre los dos artistas. "No sé, no sé si pueda continuar lejos de ti, te amo tanto y sigues tan presente en mí, hoy me doy cuenta que sin ti, ya no es vivir…". Lo cierto es que el excocinero y extorero recorrieron juntos la geografía californiana y fueron amigos más de 40 años.

Alberto y yo nos conocimos desde que él no tenía dinero y yo era "El Grillo". Nos conocimos con Jaime Sánchez. Yo estaba grabando con mi mánager uno de mis primeros discos y él llegó a interrumpirnos. Él no sabía a quién tenía enfrente, ni yo quién era él. Y llegó a hablar con Jaime. Me vi interrumpido y ahí me quedé. Salí con Jaime y le dije:

—¿Qué pasó?

—Nada, estoy atendiendo aquí a… ¿ya conoces a Juan Gabriel?

—Quiúbole, ¿cómo estás?

Fue ahí. ¿Cuántos años hace de eso? Cuarenta y tres. Fue en 1973. Desde entonces hicimos dos giras juntos, anduvimos recorriendo San Francisco y de ahí toda el área de California, hasta abajo. Y luego estuvimos en la misma

Anduvimos recorriendo San Francisco y de ahí toda el área de California.

compañía años más tarde. Yo iba con frecuencia a su casa en Tecamachalco. Entonces siempre estábamos de alguna manera en contacto. De repente me llamaba.

Una de las anécdotas más hermosas es cuando yo quería comprarle una casa a mis padres. Le llamé y le dije:

—Alberto, fíjate que estoy ganando un poco de dinero.

Yo ya había cantado "Vive" y ya tenía mucho éxito.

—No hallo cómo hacerle para comprarles la casa a mis padres. ¿Cómo ves? ¿Qué consejo me das?

—Tú cómprala, aunque ganes poquito. Tú ve juntando dinero.

—Es que me la venden a 30, 60 o 90 días.

Me dijo:

—Tú ni te apures. Si acaso no tienes el dinero, no te preocupes, yo te lo presto. Ya cuando puedas me lo pagarás.

Esas cosas nunca se olvidan. Compré la casa y la acabé de pagar antes de los 90 días, pero él me brindó todo su apoyo.

Mi anécdota con Alberto, la más recurrente de todas, es que él siempre me decía:

—Oye, y ¿por qué tenías que escribir esa canción? ¿Por qué hiciste eso si esa canción yo la concebí antes que tú? Lo que pasa es que no la escribí, pero esa canción no era tuya, era mía.

Yo me reía mucho y le decía:

—Es tuya también, Alberto. No te preocupes.

De repente, un día recibí en el correo la canción "Después de tanto". Me la mandó grabada por él, pero con unas palabras previas, diciendo:

—Cuando oigas esto, vas a venir corriendo a mi casa para que hagamos el dueto.

Pues yo llegué a Cancún y con mucho gusto lo hice. Llegué y él no estaba en su casa, entonces me la pasé corriendo por la playa una y otra vez, como siete veces. Todo el día y él no aparecía. Creo que había ido a Mérida por su pasaporte. Llegó en la noche, me mandó llamar y me dijo:

Lo que pasa es que no la escribí, pero esa canción no era tuya, era mía.

—Disculpa, me fui a Mérida.

—No te preocupes. Aquí estamos. Es más, me gustaría grabar en la noche.

—¿Pero por qué corres tanto? —me preguntó.

—¿Cómo que corro tanto?

—Pues sí, corriste más de cinco veces.

—¿Entonces ahí estabas y me viste? ¡No te fuiste a Mérida!

—Sí, sí eso me dijeron.

Nos reímos. Me llevó al estudio. Fui con su ingeniero. Alberto me dijo:

—Para que vayas ensayando.

—Ok, pero, ¿ensayando por qué? Si es mi canción y me la sé desde hace mil años —le contesté.

—Nada, nada. Ve.

Después me dijo el ingeniero:

—Es que no es la canción "Después de tanto", es una que se llama "Verás".

—¡¿Cómo?! Si él me dijo que era "Después de tanto".

Entonces en ese momento me puse como loco, porque nunca me mandó ninguna versión ni ninguna pista, y pues empecé a trabajar. Cuando él llegó, yo tenía ya siete tomas hechas. Se había tardado cenando. Entonces le dijo el ingeniero:

—Ya está.

—¿Ya está qué? —preguntó él.

—Ya grabó siete veces la canción. Dos o tres tomas están muy bien.

Se me quedó viendo y dijo:

—Está loco. Y borra eso, ni me lo presentes. Ahorita empezamos a grabar.

Empezamos a grabar como a las 11 de la noche y me hizo hacer 27 tomas. Así como lo digo: ¡27 tomas! Desde las 11 de la noche a las 4:30 de la mañana.

Ya había quedado todo, lo que pasa es que él era muy profe-

sional y quería que la canción quedara impecable, como quedó. Poco a poco fue montando su voz con la mía y uníamos las voces en primera y segunda. Él quería la perfección, era muy meticuloso. Entonces le dije:

—Alberto, ya me voy.

—¿A dónde vas?

—Ya me voy a tomar el avión. Salgo a las 6:30.

Empezamos a grabar como a las 11 de la noche y me hizo hacer 27 tomas.

—No, puedes quedarte aquí.

—Alberto, tengo trabajo. Tengo que irme a México porque tengo un trabajo hoy en la noche en Pachuca.

Y me dice:

—No, no. Mal hecho. Cancela y aquí quédate. Quédate un par de días.

—No, Alberto —le dije—. De verdad no puedo.

Lo sentí muy solo. Sentí que de verdad quería que yo me quedara ahí a platicar con él y escuchar las grabaciones que hacía. Me mostró canciones de todo el mundo, me mostró canciones que estaba grabando de Enrique Guzmán. Estaba grabando también canciones tradicionales. ¡Siempre estaba grabando en su estudio!

Me fui. Después volví para hacer el video. También pasamos todo un día completito trabajando en el video. Él se mostró muy trabajador, muy honrado en su trabajo, como siempre.

La noticia de su muerte me la dio Jaime, mi mánager. Los dos estábamos mal, porque Jaime también era buen amigo suyo. Yo ni lo creía, de verdad. Fue un domingo desastroso y me quedé en la cama. No quise saber nada de nada. Le dije a mi esposa y a mis hijas: "Por favor discúlpenme, yo me quedo solo aquí en mi cuarto". Me afectó terriblemente. Como compositor, creo que Alberto fue el mejor en su género. La obra que deja es trascendental y lo será a través de los años.

Calzones desechables

Montserrat Oliver

Montserrat Oliver. La modelo, empresaria, conductora y amante de los animales, nunca pensó que su fotografía vestida como hombre terminaría colgada en la sala de la casa de Juan Gabriel. Montse y Juanga compartieron muchas risas en la campaña de lanzamiento del álbum *Gracias por esperar*. Es una de las mujeres más guapas e irreverentes que conozco.

Tenemos entendido que todos nos vamos a morir algún día. Entonces se va muriendo la gente y te sorprende y te duele, pero con Juan Gabriel... no sé. No es que lo viera y platicara con él mucho, pero sí sentí particularmente feo.

Es el genio artístico que nos marcó con tantas composiciones. Y también compartí con él algunos momentos padres. Estuve con él en Miami cuando estaba haciendo todo lo de *Gracias por esperar*: sus videos y su disco. Y estaba yo metida en su camper platicando, y lo grababa y nos reíamos. Siempre muy simpático.

En esa época que yo lo conocí, por donde pasaba quería comprar casa, estaba en Miami y tenía casa en Miami. Íbamos a Los Ángeles y tenía casa en Los Ángeles. O sea, decías: ¿¡A este hombre qué le pasa!? ¿¡Qué va a hacer con tanta casa!? ¡Necesita alguien en cada casa que se la cuide! Y cuando estuve conviviendo con él, lo que me dio mucha risa es que le descubrí algo: todos los días tiraba los calzones.

—¿Qué te pasa, por qué tiras tus calzones?

Y me contestó:

—Pues es que no me gusta lavarlos.

O sea, tenía puros paquetes de Calvin Klein y se ponía nuevos cada día. Los tiraba a la basura, no los lavaba. Eso es lo que más me acuerdo, porque dije: "¡No manches que este güey no lave los calzones! Ni siquiera se los voltea. Los tira". Eso fue lo que me tocó a mí.

El video que grabamos juntos, "Pero qué necesidad", parece de Elton John, ¡pero en hongos! Está muy chistoso, porque no viene al caso con nada. Hoy que lo veo, me pregunto: ¿qué tiene que ver esto con esto y con el otro? No sé, pero está muy simpático.

Yo vivía en Miami entonces y me iba bien como modelo. Cuando al fin lo conocí y trabajamos juntos, no supe mucho más, pero Pedro Torres me dijo: "Te amó, te amó". Lo admiro porque la entrevista que se hizo a él mismo está superchida. Está increíble, nadie había hecho eso y no lo digo porque se haya muerto. Desde antes, cuando la vi, dije: "¡Qué bárbaro! Mis respetos".

Después del video, lo vi de nuevo en Acapulco. Todo el tiempo estuvo platicando conmigo. No recuerdo si comimos. Creo que sí, coincidimos y comimos en un restaurante juntos. Pero Juan Gabriel era hermético con las personas que no conocía. Se tardaba en agarrarte confianza. Y nunca le hablé de más ni de sus asuntos privados, porque respeto mucho la privacidad de cierta gente.

Su show me encantaba, porque le valía y joteaba en el escenario y hacía unos dramas totales, cien por ciento mexicano. Luego me dicen que los mexicanos son muy dramáticos. Y sí, justo nos fascina el drama. ¡Desde las telenovelas! Él era el rey del drama, pero en el escenario. En la vida personal como que no quiso hacer mucho ruido, aunque sí se lo hicieron.

Me encantaban sus duetos con Rocío Dúrcal y lo que me platicaba Rocío de él, y él de Rocío. Se amaban. Mi canción favorita de él, pues hay muchas. ¡"Querida", por favor!

Un día Juan Gabriel me pidió una foto en blanco y negro de una sesión loquísima que hice y donde me pusieron un *smoking* y parecía hombre. Y esa le encantó y me dijo: "¿Me la regalas" ¡Y yo le firmé mi foto a Juan Gabriel! Bueno, a Alberto. Y Pedro Torres me decía que a todo el mundo le presumía mi foto que colgó ahí en plena sala. ¡Ándale pues!

Se ganó el respeto de todos

Juan José Origel

Juan José Origel. Actual presentador del programa *Hacen y deshacen*, fue uno de los pocos periodistas de espectáculos que entrevistó a Juan Gabriel más de una vez. La charla que sostuvieron en el programa *La oreja* llevó al artista del llanto al baile, pasando por la risa y de regreso. Fue un momento emotivo y de complicidad, aunque cuando le preguntas si eran amigos, contesta de inmediato que no.

ecibí la noticia de la muerte de Juan Gabriel cuando venía camino a México de San Miguel de Allende. Me empezaron a escribir, preguntando si se había muerto. Pero como a cada rato matan gente en las redes sociales, yo pensé que era broma. Me llamó Luis Mario Santoscoy de Televisa para decirme que sí, que había fallecido y que me tenía que ir a Televisa Chapultepec para estar en vivo con Mara Patricia Castañeda y narrar todo lo que estaba sucediendo alrededor de su muerte.

Para mí fue impactante. Lo acababa de ver hacía un mes en León, donde por cierto él estuvo en un concierto lleno. Hacía tiempo que no lo había visto con esa enjundia. Fui al Auditorio a verlo hace como un año, pero la verdad en ese momento no me impactó. Y esta última vez sí, porque acababa de sufrir un accidente en su rodilla y se decía que estaba enfermo. Pero en León bailó y brincó como nunca. Entonces me impresionó muchísimo.

También me extrañó que, siendo invitado suyo, con seis lugares y en primera fila, ni siquiera volteara a guiñarme un ojo como diciendo: "Qué bueno que estás aquí". Tampoco quería que me presentara por todo lo alto, pero al menos un saludito con una mano. Yo sé que él era muy, muy especial. Pero bueno, tampoco me importó porque me gustó muchísimo su show y por eso su muerte me impactó más. ¡Lo acababa de ver lleno de vitalidad! Si lo hubiera visto apagado, hubiera dicho: "Bueno, pues ya lo vi muy mal". Pero no fue así.

Entonces vino la noticia. Y la forma en que anunciaron su muerte fue muy rara. Yo creo que un ídolo como Juan Gabriel se merecía que ese cuerpo lo hubieran embalsamado y traído, para que el pueblo y sus seguidores lo vieran. ¿Quién lo vio?

¿Quién atestigua? ¿Dónde está el doctor que vio el acta de defunción? Al menos una foto que le hubieran tomado, ¡pero no hubo nada!

No quiero dudar de que esté muerto. Sería muy difícil sostener esas historias de que él fingió su muerte para escapar. ¿Por qué? Porque es una figura internacionalmente conocida. En cualquier aeropuerto que se quiera perder, cualquiera lo descubriría. No tendría vida. ¿O se iba a encerrar como ermitaño sin que nadie lo viera? Tarde o temprano se tendría que saber.

Más bien yo creo que no quisieron hacer –que aunque de todas maneras se hizo– un circo, pues no quisieron traer su cadáver para arriba y para abajo. Eso es lo que yo quiero pensar, que los hijos decidieron inmediatamente incinerarlo para llevarlo a diferentes lugares. Porque no es lo mismo llevar

Para mí Juan Gabriel es y será siempre el mejor cantautor que tenemos. El mejor. Punto.

las cenizas que llevar el cuerpo. ¡Además era un cuerpezote!

En cuanto a mi experiencia con Juan Gabriel, nunca fue mi amigo. Me considero su fan. Yo creo que todos los mexicanos hemos cantado, nos hemos enamorado y nos hemos emborrachado con sus canciones. Para mí Juan Gabriel es y será siempre el mejor cantautor que tenemos. El mejor. Punto.

No me acuerdo de cuando lo vi por primera vez, pero sí cuando lo conocí mejor, que fue cuando tenía el programa *La oreja*. Por entonces llegó a mi programa un Juan Gabriel que llevaba 11 años sin pararse en Televisa. Para mí eso fue muy emocionante, porque todas las cámaras estaban afuera del foro;

estaban esperando la llegada de Juan Gabriel. Él llegó muy sencillo, muy agradable y simpático. Me pasó a su camerino y se sentó en el piso a platicar conmigo. ¡Él en el piso!

Había sillas, pero él estaba en su toallita. Entonces yo me senté y él se sentó junto a mí sobre sus rodillas. Y ahí estuvo platicando cómo estaba, cómo se sentía, que le daba mucho gusto regresar a Televisa y me contó unas cosas que no las voy a contar a nadie. Era una cosa de cariño y amistad que me brindó.

Y en la entrevista él lloraba cuando le pregunté algunas cosas. Sobre todo, cuando hablaba de su madre. Fue muy agradable y una experiencia muy bonita. Se portó maravilloso: cantó, bailó y de todo durante esa entrevista.

En una ocasión posterior, cuando mi madre murió —mi madre falleció el 25 de diciembre—, yo estaba en Argentina. Después de que recibí las condolencias me fui a Acapulco. Dulce, la cantante, era mi vecina en Acapulco, y ella es quien iba a hacer la Noche Vieja en casa de Juan Gabriel. Se fue ahí desde medio día, porque a él le encantaba que Dulce le preparara de comer. Ella le comentó:

—Oye, está Pepillo aquí en su casa. Se acaba de morir su mamá.

Y él le contestó:

—Dile que se venga inmediatamente, que lo quiero de invitado aquí en mi casa.

Dulce me llamó y para mí fue bonito, pero yo estaba tan dolido, tan triste, con tanto pesar de mi madre, que le dije:

—Dile que muchísimas gracias, que otro día encantado voy. Pero no estoy en el momento, no estoy como para ir esta noche, porque para mí es muy triste lo que pasó y vine aquí a pasar mi duelo.

Según Dulce, Juan Gabriel dijo:

—Pues no hay cena.

Y no cenaron. Como no fui, él sugirió entonces comer cualquier cosa, en lugar de preparar una cena en orden, como lo planeaban. Al menos eso fue lo que me dijo Dulce. A partir de ahí, ya no me habló. ¡Si tan solo hubiera ido ese día! Dicen que Juan Gabriel no admitía ningún desprecio ni mal modo. A lo mejor si hubiera ido, hubiéramos sido amigos. Pero ya no lo fue. Creo que con Juan Gabriel no había la necesidad de que fuera tu amigo para que te gustara y fuera tu ídolo. Yo creo que no.

En otra ocasión, Juan Gabriel regresaba a celebrar su cumpleaños en Acapulco. Los del restaurante al que siempre iba en La Costera —donde hay muchos restaurantes de la familia Rodríguez— hicieron una fiesta y la persona de relaciones públicas del lugar me habló para invitarme al cumpleaños. Invité a Laura Bozzo, porque ella estaba en Acapulco. Le dije:

—Oye, vamos al cumpleaños de Juan Gabriel.

¡Ella se alistó! Llegamos a la fiesta y estaba todo dividido, porque el restaurante era de dos pisos y había un tablado más grande arriba. A nosotros nos sentaron abajo, lo que a mí me molestó muchísimo. Y arriba estaba Juan Gabriel con Jas Devael y con Mariana Seoane. Lo impactante fue cómo le hizo Laura Bozzo, que terminó sentada con Juan Gabriel en la mesa de honor. Y de ahí ella dice que nació una amistad. A Juan Gabriel le cayó muy bien Laura, porque sí se vieron dos o tres veces más.

Tengo muchas canciones favoritas que fueron escritas por él. Por ejemplo, "Amor eterno", que me encantaba, duré mucho tiempo –cuando se murió mi mamá– sin poder escucharla, porque la escuchaba y no podía parar de llorar. Después supe que se la dedicó a otra persona que no era su mamá, y me dije: "Bueno, pues para qué lloraba tanto".

Juan Gabriel no hubiera sido el mismo si no hubiera sido afeminado. Claro que no. Yo por eso lo admiraba tanto, porque ¡ser una persona así en este México…! Que los hombres heterosexuales admitieran a una persona gay como su ídolo, es tremendo. Al principio, recuerdo que cuando yo estaba empezando él iba

Que los hombres heterosexuales admitieran a una persona gay como su ídolo, es tremendo.

mucho a los palenques y la gente le rechiflaba. ¡Los hombres principalmente! Pero después se paraban y le aplaudían de pie todos los que alguna vez en la vida le chiflaron. Se ganó el respeto de todos.

Es un héroe

Elena Poniatowska

Elena Poniatowska. Una de las mejores entrevistadoras y escritoras de México. Es tan brillante que quiere escribir hasta los 90 años. Es ruda con las letras, por eso ganó el premio Cervantes de Literatura en 2013, pero Juan Gabriel se alejaba del protocolo y se refería a ella simplemente como "madrecita", desde el día en que los presentó Carlos Monsiváis. Los tres juntos no eran poca cosa.

Juan Gabriel siempre fue muchísimo más inteligente de lo común, de lo que se suele ser en esta vida. Recuerdo cuando le preguntaron si era gay y él respondió: "Lo que se ve, no se pregunta", que es de las respuestas más inteligentes que puedan darse. Era como Luis XIV, el Rey Sol de Francia, porque él estaba por encima de todo.

Yo le creí totalmente su bondad hacia los demás. Sobre todo su bondad hacia los chavitos. Los ayudaba a través de su escuela de música y los iba a visitar. Siempre estaba muy atento a las necesidades de los otros. Recuerdo que cuando yo fui, se interrumpía para preguntarme si quería algo, no hallaba qué me podía regalar. Yo a todo le decía que no. Y hasta Monsiváis decía:

—Bueno, si el importante soy yo, no Elena.

Monsiváis lo quería entrevistar. Estaba interesadísimo en él. Lo mismo hizo con este español, Raphael. Pero a esa entrevista a mí no me pidió que lo acompañara. Con Juan Gabriel sí me lo pidió, porque yo manejaba. Entonces fuimos con el periodista Alejandro Brito, un verdadero genio.

Juan Gabriel convirtió lo afeminado en una genialidad, muchísimo más que Salvador Novo.

Juan Gabriel convirtió lo afeminado en una genialidad, muchísimo más que Salvador Novo. Novo desafiaba, se ponía pelucas y cantidad de anillos; se pintaba las cejas y la cara, pero Juan Gabriel no hacía nada de eso y sin embargo, estaba muy por encima. Tenía una inteligencia natural, que es la inteligencia del pueblo y también la inteligencia del sufrimiento.

Lecumberri, siendo chavo, le ha de haber enseñado mucho de la condición humana. Y por eso fue tan superior, de eso se tienen que dar cuenta ahora todos los jóvenes. A mí me gustaban mucho sus letras por sencillas y naturales. Esa que dice: "Se me olvidó otra vez". ¡Es buenísima esa frase! Nada más con eso. Luego eso de que "en el mismo lugar y con la misma gente" también es notable. Juan Gabriel no es Villaurrutia, no es Carlos Pellicer, pero en sí fue un poeta.

Hay una mujer que sabe muchísimo de Juan Gabriel: Isela Vega, quien fue su amiga. Ella siempre traía unas botas muy bonitas y decía:

—Me las regaló Juan Gabriel.

Luego traía una bolsa preciosa y también se la había regalado él.

Así que creo que él era generoso, particularmente con las mujeres, sobre todo mujeres fuertes. Yo creo que buscaba a su mamá. Pero él a su mamá nunca la atacó, aunque yo creo que fue como la madrastra de Blancanieves. A mí me llegó a decir "mamá". Todo el tiempo. Y yo en esa época pues no tenía los 84 años que tengo ahora. Pero no sé si a otras mujeres les decía madre.

Carlos Monsiváis lo quería como un ídolo popular. A Carlos siempre le interesaban muchísimo los fenómenos populares y los movimientos de la sociedad que se organiza. Él iba mucho a los hoyos *funky* y luego iba a los bares, pero no creo que Juan Gabriel jamás haya ido a un bar gay. Monsi, sobre todo, iba mucho a los baños, pero Juan Gabriel no iba a nada de eso. No creo que Juan Gabriel hubiera necesitado buscar a nadie.

Esas historias que ahora cuentan de que Juan Gabriel no ha muerto son pamplinas. Pero bueno, es bonito, porque igual se decía de Emiliano Zapata, que andaba en los bosques aquí en Morelos en su caballo blanco y que estaba vivo. Se espera que la gente que el pueblo ama nunca muera; algunos incluso inventan que lo vieron pasar. Con Zapata es una historia preciosa: decían que oyeron el galope del caballo blanco, ¡es muy poético! Lo mismo le pasa a Juan Gabriel, porque ya es un héroe. En otro sentido, pero de la misma magnitud.

Su muerte me agarró de sorpresa porque yo lo veía muy joven y muy bien. Voy a extrañar todo de Juan Gabriel, el espectáculo, su figura, sus canciones. Yo creo que él es como una piedra de toque en México.

Lo que se ve no se pregunta

Fernando del Rincón

Fernando del Rincón. Es presentador de *Conclusiones*, el programa estelar de la cadena de noticias CNN en Español. Aunque se especializa en entrevistar a presidentes y líderes mundiales, una de sus entrevistas más memorables fue con Juan Gabriel. Tal vez la mirada azul del mexicano radicado en Miami fulminó al interlocutor. Lo cierto es que lo llevó a revelar en televisión su política anti impuestos y a casi confesar su intrigante sexualidad. Todos queríamos preguntarle si era gay, pero Fernando lo hizo primero.

Mi polémica entrevista con Juan Gabriel es la entrevista que nunca pedí. Un día normal de trabajo en Univisión tenía muchos mensajes de voz en el buzón del teléfono de la oficina. Entonces escuché a una mujer diciendo que Juan Gabriel quería darme una entrevista y me pedía que le devolviera la llamada.

En ese momento Juan Gabriel estaba pasando por una pesadilla mediática y legal porque enfrentaba la demanda que su exrepresentante, Ralph Hauser, había presentado contra él. Juan Gabriel tenía una prohibición temporal para cantar en Estados Unidos y no podía ofrecer presentaciones. A Juan Gabriel lo habían vinculado con un muchacho joven, insinuaban que tenía una relación con él y era todo un escándalo, claro. En ese contexto yo escuché el mensaje en la contestadora y, honestamente, no me la creí. Pensé que alguien me había jugado una broma. Fui, por precaución, con nuestra presidenta de noticias y le pregunté si aquello era verdad.

—Qué raro, voy a llamar y vemos si es cierto —me dijo.

Al día siguiente, me confirmó:

—Oye, es en serio.

—¿Cómo que es en serio? —repuse.

—Sí, se trata de Juan Gabriel.

Nunca hasta el día de hoy he sabido por qué me escogió a mí. Es un secreto que tal vez alguien de su equipo pueda revelar, pero yo nunca supe por qué Alberto decidió darme la entrevista. No tengo ni la menor idea. Nunca lo he entendido. Yo trabajaba en una muy buena cadena de televisión y me iba muy bien, tenía mucho éxito, pero es diferente. No estoy minimizándome, pero él podía haberle concedido la entrevista a los periodistas mejor posicionados de México en ese momento.

No tenía mucho sentido, pero tampoco podía dejar pasar la oportunidad. Entonces decidí entrarle. No era fácil tampoco a nivel personal, porque hay ciertas figuras o referentes del país que son muy grandes, íconos con los que hemos crecido, pero no los conoces porque no son de tu generación. Pero de pronto saber que te vas a sentar a hablar con alguien así, hace que te tiemblan las patitas, porque además era una entrevista que, por la línea editorial y el momento que estaba pasando, iba a ser fuerte. Yo tenía que estar ante una de las figuras más grandes de la historia de la música mexicana, pero no para echarnos un café y platicar como grandes amigos, sino para preguntarle sobre todo lo que ocurría.

Creo que él estaba consciente de eso. Y creo que en algún momento, ya después de la entrevista, noté que él sentía la necesidad de hablar, defenderse y comunicar todo lo que le molestaba de lo que se estaba diciendo sobre él y del momento legal que estaba atravesando. Hacerlo le representaba un beneficio, pero también creo que nunca se imaginó lo que se enfrentaría conmigo. Yo era muy joven —fue hace 14 años— y tal vez pensó: "Está joven, no creo que la entrevista vaya a ser muy fuerte. No creo que me vaya a dar duro".

A veces piensan eso cuando alguien es joven. Y tal vez por eso me la haya concedido, no lo sé. Pero, obviamente, después descubrió que no era así. Fue una conversación muy aguda. No era la primera entrevista fuerte que hacía. Había entrevistado, por ejemplo, a Marta Sahagún de Fox, en Nueva York. Y la escuela que yo tuve, lo que aprendí con las personalidades que me introdujeron a las noticias y me enseñaron —o sea Ricardo Rocha y Jacobo Zabludowsky, por ejemplo— fue: "Haz una entrevista fuerte o mejor no la hagas. Pregunta lo que nadie ha preguntado o mejor no preguntes".

Yo estaba consciente del tamaño de Juan Gabriel, de la figura que tendría enfrente. Pero también uno está consciente de que puede echar abajo su carrera si no hace lo que tiene que hacer. Entonces tenía un compromiso conmigo mismo. Había recibido la oportunidad, pero luego faltaba ver si estaba al nivel. Finalmente se transmitió. Fue una entrevista tremenda, pero también dejó ver mucho más allá de Juan Gabriel, del cantautor, del fenómeno artístico que representaba.

Nunca había hablado de sus hijos ni de la madre de sus hijos. Nunca había hablado del amor, su sexualidad, la vida o la muerte. Es una entrevista que revela mucho. Lo tuve que empujar, pero gracias a eso pudimos entenderlo mejor. Él nunca se enojó conmigo. Estaba incómodo con el contexto, con lo que había publicado la revista y con lo que estaba atravesando legalmente. Y permitió que yo hiciera todas esas preguntas. Él accedió a que se las formulara, porque se pudo haber levantado cuando hubiera querido de esa silla, siendo quien era en ese momento. ¿Quién le iba a decir algo?

Cuando le pregunté si era gay, no lo pensé, porque si lo hubiera pensado, no lo hubiera hecho. Fue una pregunta que tuvo mucho debate previo. Con la presidenta de noticias en el vuelo a Houston y estando en Houston tuve un debate sobre si hacía o no la pregunta. Ella me dijo:

—Pues, es muy fuerte. No la hagas.

Pero en el momento que sentí –porque iba leyendo a mi entrevistado– que llegamos a un nivel profundo de confianza y que había una conexión muy interesante con Alberto, tomé ventaja de eso como periodista. Hice el truco de que pareciera una conversación entre amigos; le formulé preguntas muy cercanas. Y de

Él tuvo la inteligencia y la sagacidad; esa manera espectacular de responder.

pronto hice la pregunta. Decidí que fuera en ese momento. La respuesta es maravillosa. Es increíble cómo reaccionó, con esa ya célebre respuesta: "Lo que se ve no se pregunta".

En muchas partes de México yo escuchaba esta frase como parte del *vox populi*. Se arraigó la frase, pero algunos la decían mal, decían: "lo que se ve, no se juzga". Y cuando yo la escuchaba los corregía: "No. Es lo que se ve no se pregunta". Y esa es la respuesta que me dio Juan Gabriel a mí. Ahora que desgraciadamente lo perdimos, nos dejó esa frase.

Y el mérito es suyo. Yo sólo hice la pregunta. Él tuvo la inteligencia y la sagacidad; esa manera espectacular de responder. Fue un momento inolvidable y un privilegio enorme para mí. Siempre lo he visto así. Y también lo veo como una gran deuda que no podré pagarle nunca a Juan Gabriel, no habrá manera más que honrando su memoria. Es algo que se me atora todavía en el cogote. Fue un regalo impresionante que me dio la vida.

Cuando terminamos la entrevista le di la mano. Se apagaron las cámaras y empezó a jugar con los compañeros. Nos hicimos a un lado, se levantó y caminamos hacia la puerta, hacia la entrada de la habitación –él tenía una habitación propia donde se había realizado la entrevista–. Empezamos a hablar, y yo le dije:

—Qué difícil lo que está pasando.

—Sí, es una situación muy difícil. Es muy injusto lo que me están haciendo. ¡Imagínate que yo no puedo presentarme!

En ese momento se quebró y empezó a llorar. Eso fue muy fuerte para mí. Se le salieron las lágrimas y yo me quedé frío. O sea, ¡tenía a Juan Gabriel enfrente de mí, estaba hablando conmigo y estaba llorando! ¿Qué hacía? ¿Cómo reaccionaba? ¿Cómo manejaba esto? Es más, creo que para mí fue más fácil manejar la entrevista que manejar ese momento. Me impresionó mucho ver a Juan Gabriel llorando. Además, ese instante fue muy revelador porque me di cuenta de que el asunto del chisme, que si estaba o no de romance con un muchacho era algo trivial, no era realmente lo que le dolía. Lo que lo tenía muy mal, era que no podía cantar. Eso lo tenía mal. Muy mal. Entonces recordé lo que me había dicho instantes atrás muy chistoso, muy simpático:

—Yo puedo cantar hasta en el baño. O sea, a mí no me van a prohibir cantar.

Pero ya en privado se derrumbó con eso, con el problema de que no podía hacer presentaciones. Yo lo escuché, se me salieron las lágrimas y le dije:

—Bueno, pero también eso es temporal. Cuando se arregle el tema legal puedes regresar.

Entonces se calmó un poco y mientras se secaba las lágrimas, me dijo:

—Sí, tienes razón. Esto puede ser temporal.

Después yo mismo cambié el tema. Le dije:

—¿Cómo va con AB Quintanilla?

En ese momento él estaba grabando con AB, precisamente en Houston. Grababan la versión nueva de "No tengo dinero". Cambié el tema porque me di cuenta de que me sentía incómodo. No sabía cómo manejarlo bien; no quería seguir poniéndole el dedo en la llaga. Platicamos de la producción, de otras cosas que ya no eran tan relevantes y luego me despedí de Alberto. Acordamos comunicarnos e intercambié números con su equipo de trabajo.

Me llamó por teléfono no sé cuánto tiempo después, habrá sido una semana o 15 días luego de que la entrevista salió al aire. Estaba muy contento. Había resultado fuerte, pero estuvo bien la repercusión. Él sabía que había sido una entrevista muy polémica, pero estaba satisfecho con la reacción que había suscitado y, yo creo, con la plataforma para poder hablar. Siempre sentí eso, que era lo que le hacía falta: una ventana para poder decirle a todo el mundo que era mentira lo que estaban diciendo sobre él.

Después mantuvimos algunas llamadas de felicitaciones por Navidad o Año Nuevo, pero ya no tan frecuentes. Nos encontramos en diferentes circunstancias. Cada vez que nos veíamos, él me saludaba como si fuéramos amigos de toda la vida. Él siempre se portó muy amable conmigo, muy afanoso, muy buena gente. Nunca lo sentí incómodo, resentido ni molesto.

Una vez, cuando era novio de Julie, mi ahora esposa, fuimos a festejar a un lugar y ahí estaba Alberto sentado. Para Julie, como venezolana, Juan Gabriel es importantísimo. Cuando lo vio, me dijo emocionada:

—Mira, ahí está Juan Gabriel.

En ese momento Alberto me reconoció y se levantó.

—Mi'jo, ¿cómo estás?

Se acercó y me abrazó. La otra se estaba desmayando.

—Se la presento, ella es mi novia —le dije.

—Hola, ¡qué chula! ¿Cómo estás?

Julie estaba muy impresionada, pues la había tratado como amiga. Él era muy sensible, educado y correcto. Era muy complejo como ser humano, tenía una perspectiva diferente. Cuando la gente más analítica ve nuestra entrevista es capaz de apreciar más allá de la que pudiera ser la única pregunta sobre su sexualidad. La perspectiva de la vida que él tenía, por ejemplo, era muy diferente de la que podemos tener como denominador. Él consideraba que no debía pagar impuestos, por ejemplo.

—¿Por qué? Si somos los embajadores de nuestro país. Somos los que hacemos quedar bien a México, ¿no? —decía.

Era magnánimo. Él era Juanga. En otras palabras, hay intelectuales mexicanos que son letrados. Él era un intelectual mexicano, pero no fue educado por la academia, sino por la vida. Eso es lo que hacía a Juan Gabriel diferente. Era un intelectual de la vida, del pueblo, que tenía perspectivas completamente diferentes a las que puede tener el intelectual que vemos en los medios o que leemos en los periódicos. Él iba de acuerdo con sus vivencias, con lo que le había sucedido: el tema de su madre, la cárcel, su misma sexualidad lo hacían definir y definirse de una forma completamente diferente.

Considero que las condiciones para que se repita un fenómeno como Juan Gabriel son ínfimas. No creo que vaya a haber alguien que se le acerque siquiera, porque su propia vida lo hizo ser muy distinto. México no va a ser el mismo sin Juan Gabriel, de la misma forma en que dejó de ser el mismo sin Pedro Infante y sin Chespirito, pues son las grandes figuras que nos representan como mexicanos y nos proyectan a un nivel internacional. En el exterior se habla de México por Pedro Infante o Jorge Negrete. Juan Gabriel es uno de esos rostros, de esas identidades de México. Cada uno de esos grandes seres que hemos tenido en el país —que no son políticos—, sino que son gente de la vida pública han dotado de identidad y enriquecido nuestro legado.

Entre reyes

Carlos Rivera

Carlos Rivera. En los últimos meses, Juan Gabriel hizo un nuevo círculo de amigos y de intérpretes favoritos. Probablemente sabía que el final estaba cerca, por eso se rodeó de sangre nueva a nivel musical en el álbum *Los dúo 2*. Ahí estuvo Carlos Rivera (el mejor "Simba" que ha tenido *El rey león* en México y España), para cantar con el más grande de México –en sus propias palabras–.

El día que conocí a Juan Gabriel fue la última vez que lo vi. Es muy curiosa la anécdota porque yo canté un homenaje a los grandes autores de México. Era mi segundo disco, pero en él hice un popurrí. Se llamó "Viva Juan Gabriel" y grabé cuatro de sus temas como autor, incluyendo "Lo pasado, pasado" —que mucha gente no sabe que él escribió—. Otra buena parte hace homenaje a José José, Agustín Lara y Armando Manzanero. El disco se llama *Mexicano* y salió en 2010 para el Bicentenario de México.

Pasaron dos años y recibí un correo electrónico que era del maestro. Decía:

"Carlísimos —así, tal cual—, gracias por grabar mis canciones y, por supuesto, vamos a cantar juntos".

¡Qué sorpresa tan bonita! Para mí significó un acto de humildad que un maestro como él, al que los más grandes artistas han interpretado, me agradeciera por haber grabado esas canciones.

Pasó el tiempo y justo el año pasado, en diciembre, nos contactaron de su oficina para invitarme a cantar al Auditorio Nacional. Para este momento, yo no lo conocía. Al final elegimos una canción que se llama "Padre, dame tu consejo", que viene en su disco *Abrázame muy fuerte*. Yo me aprendí la canción. Y cuando llegué al Auditorio Nacional, pensé que él iba a estar en la prueba de sonido. Luego me dijeron:

—Él nunca viene a las pruebas de sonido.

—Pero, ¿a qué hora nos vamos a poner de acuerdo para ver qué partes canta cada quién? —contesté.

La respuesta fue:

—Tú apréndete la canción y, cuando la canción empiece, lo mismo él canta algunas partes o te deja cantar la canción completa.

Sólo hay que imaginarse el nerviosismo. Porque, aparte, yo no sabía nada de cómo iba a ser el show, sumado a la emoción de cantar con él. Fue curioso porque no me lo presentaron sino hasta que empezó el concierto y lo conocí ahí, en el escenario. Además me hizo una presentación superbonita, que me puso más nervioso. Hizo alegoría a lo de mi obra de teatro, *El rey león*. Me presentó como: "Su majestad, el rey, Carlos Rivera". Finalmente salí a cantar la canción y compartimos algunas partes.

Entonces él, literal, hizo un ademán como dándome la bendición.

La canción dice: "Padre, dame tu consejo", entonces él, literal, hizo un ademán como dándome la bendición. Fue muy bonito. Terminando, le agradecí. Ese momento lo compartí en mi cuenta de Instagram cuando terminó la canción. La verdad para mí fue una experiencia única. Yo ese día le dije:

—A mí jamás se me va a olvidar que el artista más grande de México me invitó a cantar.

Después grabé el dueto "Yo no sé qué me pasó" para *Los dúo 2*, pero ya no lo vi. Él ya había grabado su parte y teníamos el plan de hacer el videoclip, pero dos veces se canceló por cuestiones de fechas. Y lo triste es que ya no se podrá hacer nunca más. Esta es mi anécdota con el maestro. Fue maravillosa porque, aunque lo vi solamente una vez en mi vida, me marcó muchísimo.

Yo lo admiraba desde niño. De hecho, la canción que canté con él yo la escuchaba siempre con mi mamá. Ella ponía todas sus canciones. Para nuestra presentación mandaron dos propuestas de canciones muy bailables, entonces fui yo quien mandó esta otra propuesta. A él le sorprendió muchísimo que yo la conociera, porque es una canción que está muy escondida en un disco y que poca gente ubica.

Ese día cantamos Yuri, Fernando de la Mora y yo, y al final pasamos los tres a saludarlo. Estuvimos platicando un poquito con él y nos presumió un video que había hecho en México de una canción que había grabado —que era con la que abrió el concierto— y estaba muy contento y orgulloso de eso. Era algo que él siempre tenía: adoraba a México. De hecho, creo que ese fue el penúltimo concierto que dio en el Auditorio.

En esa única ocasión que tuve de saludarlo, me pareció más bien serio, bastante tranquilo. Fue después del concierto. Estábamos los tres y a los tres, muy respetuoso, nos hablaba de usted. A mí, en lo personal, me dijo:

—Yo no te conocía en persona, pero sabía que estabas en España triunfando.

Y a sabiendas de que se trata de un país tan difícil, estaba muy orgulloso, como mexicano, de que otro mexicano estuviera triunfando allá.

Aquella vez —obviamente mi mamá estuvo presente— me dio mucha emoción estar ahí. Al ver a mi mamá, me acordé de cuando era niño y cantábamos justamente esa canción, que tanto escuchábamos juntos en el coche. Desafortunadamente, mi mamá no lo conoció. El día que lo vi entramos so-

lamente los artistas que habíamos cantado con él, ni siquiera entraron nuestros mánagers. Se ve que era hermético.

Como artista, agradezco el hecho de que me haya invitado y supiera quién era yo, porque además fui de los artistas más jóvenes que llegó a grabar un dueto con él, sobre todo en estos discos de *Los dúo*. Es algo que siempre voy a llevar en mi corazón, y no tengo cómo agradecerle a Dios y a la música que me lo hayan permitido.

Lamentablemente, falleció. Es una gran pérdida para la música y nos impactó a todos. Yo estaba en República Dominicana, en Santo Domingo, y estaba sentado en una mesa donde había gente de la industria de allá, empresarios de conciertos. Uno de ellos fue quien comentó la noticia en la mesa, fue tristísimo. Se hizo un silencio y en ese momento se acabó la comida para todos. Pensábamos cómo era posible que hubiera sucedido. Uno nunca se espera que se vaya un artista tan grande y, además, tan repentinamente.

Después de su muerte estuve en Puerto Rico, Los Ángeles y ahora aquí en España, y no hay una sola entrevista donde no se pregunte y no se mencione esta pérdida y lo que significa para nosotros los mexicanos, los artistas y los

Uno nunca se espera que se vaya un artista tan grande y, además, tan repentinamente.

que tenemos alguna anécdota que contar, como es mi caso. Es impresionante lo que provocó y revolucionó. Creo que muchos no tenemos ni idea del alcance que él llegó a tener. Yo me acuerdo de que estuve en las olimpiadas de Atenas en 2004 y el único disco de un mexicano que estaba en una tienda de discos era, justamente, de Juan Gabriel.

Nos quedó pendiente nuestro videoclip y el concierto de Guadalajara, Juan Gabriel y sus amigos, al que íbamos varios artistas. Yo tenía invitación para cantar ese día. Lo del video me da muchísima tristeza, porque me hubiera quedado también con un gran recuerdo. Desafortunadamente, de las dos ocasiones que se programaron, ninguna pudo concretarse por cuestiones de trabajo. Él trabajaba muchísimo y no pudimos coincidir en fechas. Fue muy triste para mí saber que ya no iba a poder grabarlo.

Voy a recordar siempre el día que lo conocí, el privilegio enorme de haber cantado con él, de haberlo saludado. Y, como artista, creo que debemos recordarlo cantando sus canciones. También poniendo en práctica las lecciones que nos dejó a tantos artistas, de humildad, amor al público y a la música de nuestro país. Eso es una lección que todos debemos seguir. Para recordarlo en mis conciertos estoy cantando el popurrí de mi disco mexicano, que fue justo el que él escuchó. Con eso le hago un homenaje a mi modo, de manera muy humilde y respetuosa, con ese cariño con el que todos los mexicanos lo queremos recordar.

Enamorado de
su pueblo

Marta Sahagún

Marta Sahagún. Ocupó la Residencia Oficial de Los Pinos de 2001 a 2006. La amistad entre una de las primeras damas más polémicas y Juan Gabriel, recuerda a la de Nancy Reagan con Julio Iglesias. El Divo de Juárez era el mejor relacionado y se granjeó contactos y cariños en todos los sectores. Juanga y Martita compartieron música, budismo, amor por lo étnico, un poco de frivolidad y, seguramente, algunos secretos de Estado.

Mi amistad con Juan Gabriel no tenía nada que ver con el medio artístico. Era simplemente la de dos grandes amigos identificados por el amor a su tierra, Michoacán. Él era de Parácuaro y yo de Zamora, entonces estábamos identificados plenamente por nuestras tradiciones y cultura. Disfrutábamos de la misma comida, la misma música melancólica de los violines, el bordado de las guares –así se llaman las indígenas en Michoacán– y eso fue lo que originó una profunda amistad.

La familia de su padre estaba muy relacionada a mi pueblo originario, donde nació mi abuelo materno, Jorge Jiménez. Él era de Jacona, Michoacán, de donde era la familia del papá de Juan Gabriel. No hay que confundirse: el papá de Juan Gabriel era de Parácuaro, pero la familia de su papá era de Jacona.

Creo que nuestra relación empezó por el amor al país –como se ve en el video que circulaba cuando él murió–, el amor a la tierra, a poner a México muy en alto. Esas eran nuestras conversaciones en común.

Además, él tenía un alma grande y bondadosa. Vino aquí, al Centro Fox, a cantar para recaudar fondos para nuestros niños de la escuela de música. Tenemos una escuela de música para los niños de las comunidades rurales, que vienen tres horas al día a estudiar. Tenemos también una orquesta y un coro maravillosos. Y Juan Gabriel venía aquí con esos grandes shows. Al pueblo le transmitía esa motivación y alegría. Era un poeta, músico y cantan-

Él llegó para quedarse en el corazón de muchos. Yo lo lloro, lo extraño y rezo por él.

te, y por eso es de las personas que no se irán nunca. Él llegó para quedarse en el corazón de muchos. Yo lo lloro, lo extraño y rezo por él.

También era un hombre muy espiritual. Platicamos muchas veces y él conocía perfectamente bien cada filosofía, como la de Confucio y la oriental a través del budismo. Teníamos en común esas cosas en las que ambos creíamos: la trascendencia de esta vida, por ejemplo. A él no le gustaba decir adiós, siempre decía hasta pronto y hasta luego. Eso era algo muy lindo.

El día que yo cumplí sesenta años me mandó un enorme ramo de flores e hicimos una fiesta estrictamente privada. Yo, además, compartí con él muchos cumpleaños, entonces la nuestra fue una amistad muy arraigada a Michoacán.

Cuando vino la primera vez a la casa, nosotros le sugerimos que se hospedara en un hotelito que está aquí enfrente del Centro Fox, justamente para hospedar a los niños que vienen a estudiar. Él respondió:

—No, señora.

Era muy respetuoso. Le gustaba mucho llamarme señora María. No sé por qué. Así que me decía de las dos formas: Señora María y señora Marta. Entonces me dijo:

—Señora María, yo quiero llegar a su casa.

Pues le preparamos una habitación, así que él llegaba con nosotros. Cuando vino la primera vez, Vicente no lo conocía en persona. Él llegó a gusto en huaraches de Sahuayo, Michoacán.

Tenía un profundo gusto por la espiritualidad. Su casa en Cancún estaba decorada con todos los elementos orientales del budismo y con artesanías michoacanas. Era una unión de dos culturas en las que él creía profundamente.

En una ocasión que llegó a comer porque tenía mucha hambre, le pregunté:

—¿Qué quieres?

Y me dijo:

—Quiero arroz con un huevo estrellado y nopales.

Hasta eso, ¡era sencillo! También comió chilaquiles, pero sin chile, porque no podía comer mucho picante. Luego comió frijoles y algún jugo con piña, apio y nopal. Era el hombre más sencillo que uno se pueda imaginar.

La primera vez que estuvo en el Centro Fox fue justo en el marco del Festival Michoacán. Él venía por esa noche, así que se quedó. Al día siguiente, estaban aquí muchísimas artesanas michoacanas. A cada una de ellas le compró una cosita pequeña, les cantó y las alegró. Era de un tamaño extraordinario, no podría decirlo de otra forma, para tener esa capacidad.

Sus canciones son poemas. Era la actividad que surgía de ese corazón grande, enamorado de la vida, del amor y de su pueblo. Era un hombre muy culto, un hombre al que le gustaba leer y estaba siempre informado. No sé a qué hora leía, porque además componía, principalmente durante la noche, pero era un gran lector.

Cuando llegó aquí la primera vez nos impresionaron sus huaraches, pero en el momento que empezamos a dialogar con él notamos esa similitud de pensamiento profundo y creyente del hombre. El parecía envuelto en espiritualidad. Tenía siempre palabras de sabiduría. Vicente tuvo una gran conversación con él. Así sería las otras dos veces que vino a cantar.

Creo que no podría escoger una sola entre sus canciones ¡Tiene tantas! "Querida" me encanta, porque cuando vino la segunda vez y subió al escenario, nos dejó ese momento grabado, cantando "Querida". En cada canción hay un cachito que nos pide a cada uno

En cada canción hay un cachito que nos pide a cada uno que lo escuchemos en el momento que lo necesitamos.

que lo escuchemos en el momento que lo necesitamos.

"Señor sol" es alegre, distinta, maravillosa. Eso es algo del gran don de Juan Gabriel, el poder crear canciones que a todos nos vienen bien para toda la vida o en momentos específicos, ya sea por su letra o nuestro enamoramiento. Yo tengo la fortuna de tener un cancionero que me regaló con 140 composiciones suyas, escritas con puño y letra, y con su nombre, dedicado a mí. Mi marido siempre hacía bromas y decía "yo sólo me pongo celoso de Juan Gabriel". Cada vez que lo escucho –y lo escucho todos los días porque lo pongo todos los días–, ahí está el querido Alberto cantando no sólo para mí, sino para millones y millones de personas en México y en muchos lugares del mundo. Y nunca se irá.

El dueto que no llegó a cumplirse

Manoella Torres

Manoella Torres. La muerte de Juan Gabriel dejó en el aire la oportunidad de unir su talento con el de la "mujer que nació para cantar". Sólo diez días antes del 28 de agosto de 2016, ella ofreció un tema para el proyecto del álbum *Los dúo 3*, con el que volvería a colocarse en las ligas mayores. El público también perdió. ¿Se imaginan la voz de Manoella y el estilo de Juan Gabriel en una sola canción?

onocí a Juan Gabriel en el año 72 cuando, precisamente juntos, iniciábamos nuestras carreras. Él como compositor, porque era cuando apenas llevaba su canción "Con tu amor" con "el Güero" Gil, que era en ese entonces mi representante, mi director artístico. Le dio la canción al Güero y la metimos en mi disco *Libre como gaviota*. Grabamos ahí "Con tu amor" y otra que se llama "No te buscaré". En ese entonces los compositores siempre le llevaban la canción primero a él y después me la daban a mí para que yo me la aprendiera.

Ahí no nos conocimos, pero después hay unas fotos en que estamos en una especie de reconocimiento, trofeos o algún premio, y los dos estamos superchicuelos. Está hermosa esa foto; se ve que es del año 72. Salimos los dos tomados de la mano.

Después hay otra foto por los años ochenta donde también estamos juntos. Creo que fue un encuentro rápido, porque la verdad es que viendo la foto sólo me acuerdo de que fue durante una entrega de premios, pero no recuerdo estar en ese momento junto a él. Bueno, es que pasan tantas cosas en el curso de 44 años.

Posteriormente yo le grabé a él *Homenaje a Juan Gabriel*. Luego tuvimos contacto porque en uno de los hoteles donde nos estábamos quedando, él me dejó un mensaje por escrito, agradeciéndome que hubiera grabado sus canciones. Muy cariñoso, con un abrazo muy fuerte como él acostumbraba. Fue un detallazo por parte de él expresarme su sentir como gran cantante, compositor, arreglista... Bueno, ¡qué no era!

Últimamente quería participar con él como invitada de sus discos de duetos. Como que ya lo íbamos a hacer y luego no se hizo, por una cosa u otra. Por terceras personas, porque luego uno no tiene el contacto directo ni con su productor, ni el productor conmigo.

Entonces eso quedó en el aire hasta hace poco, en agosto 18, cuando hicimos un demo con un amigo productor

Él me dejó un mensaje por escrito, agradeciéndome que hubiera grabado sus canciones.

que se llama Marco Antonio Valentino. Fue de la canción "Tarde". Y este demo iba a ir directamente con mi queridísimo Alberto Aguilera. Y yo no sé si llegó a sus manos o no, lo que sí sé es que llegó a manos del productor, Gustavo Farías. Esto es extraño, porque precisamente fue el 18 de agosto y el 28 de agosto falleció.

Si nos ponemos a ver los números, todo es con ocho. Yo creo mucho en la numerología y también creo que todo pasa por algo. No sé si llegó a escuchar el demo o no, eso lo voy a saber posteriormente, porque ya le pedí a mi amigo productor que se informara. Fue un dueto que yo, de hecho, sí tengo grabado.

Siempre estará en nuestros corazones, alma y espíritu, aunque ya no esté en este plano. Era también un talento único, sin menospreciar a los demás, que la verdad yo he tenido la fortuna de estar con tantos grandes. La grabación quedó muy bonita. Yo estaba muy emocionada, porque dije: "Por fin voy a tener el encuentro con mi queridísimo Juan Gabriel y voy poder disfrutar estar junto a él". Pero él dejó pendiente no solamente mi dueto, sino que muchos artistas se quedaron en el aire. Incluso internacionalmente.

Juan Gabriel siempre fue muy atento conmigo, siempre respetuoso. De hecho, me hablaba de usted. Él tenía esa costumbre: no trataba de tú a toda la gente. Y muy agradecido, esa es la palabra. Con mucho agradecimiento de lo que yo hice con sus canciones.

Sé –esa historia no me la sabía muy bien, la supe hace poquito– que él sufrió muchísimo en su niñez. Pero aun así era una persona que no dejaba que nada se le interpusiera. Digamos que ante todo le tenía amor a lo que hacía.

Cuando escuchamos de su fallecimiento, yo estaba en la casa. Fue un domingo, eran como las 4:30. Me llegó al teléfono la información de que había fallecido y dije: "No es cierto, están jugando una broma". No cabía en mi cabeza. Le llamé a mi amigo que está en Los Ángeles y me dijo:

—No, eso no es cierto.

—Lo acaban de enviar. Investígalo.

De hecho, el día anterior Juan Gabriel estuvo cantando en Los Ángeles en un concierto. Entonces mi amigo me dijo que había convivido con Gustavo Farías, que habían dejado una plática pendiente precisamente para ver lo del demo. Pero estuvieron juntos ese sábado, entonces él no me creyó. Le dije:

—Investígalo, porque aquí me está saliendo la información y yo tampoco sé ni qué pensar.

De verdad, fue algo muy impresionante. De sopetón, como digo yo. Pensé: "No, ¿cómo? ¡No puede ser! Si estaba muy bien, cantando y haciendo sus cosas". Fue muy sorpresivo, completamente inesperado y muy triste. Sé que como seres humanos tenemos nuestro ciclo de empezar y de terminar. Pero de esa manera te quedas helado. Yo me quedé fría. "Es que me están bromeando, no puede ser", pensé. Sentí muy feo, sentí mucha tristeza porque tenía las ganas y el entusiasmo de estar junto a él en este disco de duetos.

Yo diría que deja un vacío en todos los géneros porque ¿qué tantos artistas no le grabaron? ¡Una cantidad tremenda! Ha habido muchas comparaciones, pero yo digo que es como la pérdida de Michael Jackson. Con Juan Gabriel incluso su manera de bailar era única. Era simpatiquísimo, con una facilidad y tanta naturalidad que contagiaba alegría. Además, cuando él se paraba en los escenarios, se plantaba y a veces cantaba ¡hasta cinco horas!

Era simpatiquísimo, con una facilidad y tanta naturalidad que contagiaba alegría.

De hecho, yo lo fui a ver a un concierto que hizo en Hermosillo. Pero ya tiene más de diez años, tendrá como 15 años más o menos. Me acuerdo que estaba entre el público, pero creo que en ese momento él no lo sabía. Luego quise ir a saludarlo, pero tampoco me dejaron porque había mucha seguridad, guardaespaldas y demás. Pero ese show en Hermosillo duró como cinco horas. Y yo decía: "¿Cómo le hace? ¡Qué bárbaro!". Definitivamente fue un señor en toda la extensión de la palabra. Su vida fue muy intensa en todos los sentidos, porque hubo también mucho sufrimiento. Y yo admiraba su manera de enfrentar los dolores. Cantaba y ni en cuenta de que hubiera pasado por cosas tan drásticas o fuertes. Siempre se levantó, con todo y que lo tiraban.

De lo último que él pasó, se me hizo muy triste y también creo que lo afectó mucho. Me refiero a la muerte de su nieto.

Son cosas muy duras, pues las emociones y fibras se mueven en tu interior. Yo siento que eso fue muy fuerte para él y que ahí le vino algo de tristeza. Considero que fue una parte muy dura de superar para el queridísimo Juan Gabriel. Y luego se enfermó, le dio neumonía y además se cayó del escenario. Yo sé lo que esas caídas significan –tengo un problema muy fuerte en la columna– y ya no te puedes mover igual que antes, con la facilidad o la flexibilidad que él se movía. Como artista, voy a recordar sus maneras tremendas de expresarse y de sentir.

Pero qué necesidad

Pedro Torres

Pedro Torres. Cuando Luis Miguel encargó a Pedro Torres, el exitoso director de videos y comerciales, la producción de "La media vuelta", nunca imaginó que el rodaje sería histórico gracias a la participación y a la coordinación de invitados que hizo Juan Gabriel (eso no lo ha hecho ningún cantante por un colega). Pedro recuerda a su compadre como un hombre generoso y de extraña sabiduría.

El momento en que conocí a Juan Gabriel no lo tengo bien registrado, pero fue allá por el ochenta. Yo era su admirador, desde *Siempre en domingo*, pero lo conocí más formalmente a través de Lucía Méndez. Me acuerdo muy bien de eso, fue en el Festival de Acapulco del 87, cuando andaba noviando con Lucía. En esa ocasión cantó Lucía y luego Juan Gabriel, por eso lo conocí.

Él era mágico desde su manera de hablar: "Sí, mi'jo. Cómo no, mi'jo", me decía. La cercanía comenzó cuando Lucía grabó la telenovela *El extraño retorno de Diana Salazar*. Entonces ella le pidió a Juan Gabriel que le hiciera el tema, y él escribió "Un alma en pena". Estuvimos muy presentes con él en toda la grabación.

Me tocó estar muy cerca de él cuando Carlos Téllez, que era el productor de la telenovela, le contaba más o menos la sinopsis. Y Juan Gabriel me maravillaba, por cómo era capaz de sintetizar musicalmente una historia que iba a durar muchos meses de grabación y muchos capítulos. Es admirable cómo logró captar en "Un alma en pena" la esencia del personaje que interpretaba Lucía. Ahí fue cuando aporté lo de los ojos amarillos y al compadre le gustó mucho. Entonces decidimos hacer el videoclip, que era fantástico, y él estuvo en la filmación, le gustó mucho. Metimos toda la parte de magia y misterio. Y ahí Lucía ya esperaba a Pedro Antonio y dijo:

—Yo quiero que el padrino sea Juan Gabriel.

Yo le contesté:

—Me parece perfecto. Yo quiero que la madrina sea Patricia Ortiz Monasterio.

Y así fue. Ella terminó la novela, nació Pedro Antonio y Juan

Gabriel pudo estar aquí para su bautizo. Me acuerdo que fue una ceremonia muy bonita en Bosques de las Lomas y luego fue la fiesta en mi casa.

En una de las fotos que subí en mi Facebook, están Emmanuel, Mercedes, José José, todavía con Anel, y mucha gente. Fue una gran fiesta de bautizo con el padrino Juan Gabriel. Después Alberto y yo nos seguimos viendo continuamente, pues a partir de entonces él ya era mi compadre. Me acuerdo que nos fuimos a vivir a Miami y ahí coincidimos muchas veces cuando él iba a cantar y empezó a buscar una casa.

Ya en el año 93, cuando yo me separé de Lucía y me entró una especie de gran nostalgia, él me decía:

—Ya, compadre, ya no chille tanto.

Me invitó y me fui una temporada a su casa en Santa Fe (Nuevo México). Ahí me tocó convivir con él muy cercanamente, muy padre. Estuve tres semanas con él. Creo que Iván ya había nacido o estaba por nacer. Estaban doña Laura, Chuy y los cercanos, realmente. Él insistía en que yo me hiciese como él, o sea, vegetariano.

Tenía su propio estudio y siempre a donde él iba se construía uno.

Al compadre no le gustaba que le contradijeran, entonces yo le decía que sí. Pero nomás se descuidaba y yo iba y me echaba mis chorizos. Le decía:

—Le voy a traer chorizo, compadre, nada más tenga cuidado con él.

Le llevaba chorizo, pero vegetariano.

Fue muy padre porque lo conocí en la vida absolutamente cotidiana. No había ninguna actividad particular. Tenía su propio estudio y siempre a donde él iba se construía uno. Y grababa a la hora que le llegaba la inspiración, y la inspiración le llegaba todo el tiempo porque yo me despertaba:

—¿Dónde está Juan Gabriel?

—En el estudio —me respondían.

Entonces yo me acercaba a verlo. Él siempre tenía un ingeniero de planta, alguien que lo ayudaba. Me acuerdo que tarareaba, grababa algunas letras de canciones futuras. ¡Pero era algo continuo! Estábamos comiendo y de repente se levantaba y se iba al estudio, que siempre tenía muy pegado a la casa, como otro cuarto más.

Fue muy padre porque convivimos. Íbamos al pueblo a comprar cositas de Santa Fe, artesanías de los indígenas navajos, paseábamos por el pueblo, regresábamos y comíamos en su casa. Ya había nacido Iván; estaba chiquitito, me acuerdo. Fue cuando, por esas épocas, apareció Gustavo Farías. También lo conocí, porque fue cuando Alberto escribió "Pero qué necesidad". Él me decía:

—Compadre, a ver, pero, ¿qué necesidad? Pos ya no se haga güey, compadre. ¿Qué necesidad de andar chillando, hombre?

Grabé el disco y decidimos hacer ese videoclip, entonces nos fuimos a Miami. Nos tardamos como una semana. Es un video increíble.

—Pedro, yo quiero que salga Mandela, porque yo lo admiro mucho —me pidió.

Entonces compramos todo el show de Mandela. En el video hicimos alusión a la caída del Muro de Berlín. O sea, él estaba muy consciente siempre de los sucesos mundiales. Se ocupaba de estar informado. Y no es que lo vieras leer el periódico ni mirar la tele, pero de repente él sabía todo. Siempre tenía informantes; preguntaba y deducía. Me acuerdo muy bien que dijimos: "Vamos a hacer este video donde hablemos de todas las razas y de los sucesos actuales, que estén Mandela y la caída del muro".

En esa época Montserrat Oliver trabajaba conmigo e hicimos un *making of* que debemos encontrar, porque no sé en dónde está y es importantísimo. Es una pieza histórica porque grabamos horas en su *motor home* y en los camerinos sobre su vida. Él se abrió mucho con Montserrat. Lo que sucedió es que yo en esa época comencé a llevar la cuenta publicitaria de Brandy Presidente y Montserrat era la imagen y la entrevistadora también. Entonces, para nuestra sección musical, Montse hizo estos días y días de grabación con él, muy íntimas. Es un material espléndido.

Lo más padre de Juan Gabriel era la alegría de vivir, definitivamente. También me llamaba mucho la atención algo que tal vez se entiende ahora que se conoce su biografía: al principio no tuvo un hogar, incluso estuvo en un orfanatorio. Entonces creo que eso él lo compensaba, en una especie de obsesión por comprar casas cuando tenía dinero. Yo lo sentí porque cuando fuimos a Santa Fe, visitábamos casas. Le gustaba mucho; caminábamos y él decía.

—Ay, mira, compadre.

Si veíamos que estaba a la venta o en renta, se detenía y preguntaba:

—¿Cuánto cuesta y cómo es?

Le gustaba mucho ver casas. Incluso en Miami lo acompañé a la zona de Miami Lakes, me acuerdo. Y ahí compró una casa muy grande, que después habitó y tengo entendido que la sigue teniendo la familia. Fue a donde, según vi, llevaron las cenizas. En esa casa también pasé muchos días con él.

Y luego me decía:

—Tengo una casa en Acapulco, compadre. Y luego tengo una casa en Juárez y otra en Michoacán.

Tenía como una falta de pertenencia, de sentir que tenía un hogar dónde vivir. O sea, derivado de las carencias que vivió en su infancia,

Tenía como una falta de pertenencia, de sentir que tenía un hogar dónde vivir.

o al menos yo así lo veía. Y pasaba mucho tiempo decorando esas casas. Recuerdo que iba y compraba cosas y, cuando yo regresaba, ya la tenía decorada completamente.

Hace poco, en la casa de Cancún, también puso su estudio, según lo que me contaron Gustavo Farías y mi hermano David. Eso era muy constante: tener la casa, la familia, su estudio y sus técnicos. Y no creo que mi compadre fuera la persona mejor organizada, aunque creo que al final terminó muy bien.

A él le gustaba mucho trabajar. En el caso de "Pero qué necesidad", fue muy divertido porque él afirmó:

—Yo me quiero disfrazar de todo.

Si revisamos el video, él sale con 20 vestuarios. Todavía no acababa de filmar en Miami y nos venimos a México a filmar la parte del sarape. Era un sarape de mi familia, que mi hermana Gaby le trajo y él se lo quedó. Compadre, donde estés, ¡nunca me lo regresaste! Se lo llevó. Era un sarape saltillense muy importante y lo usa él en esa escena. Ahí salen las principales modelos de moda aquí en México en ese momento. Para terminar el video filmamos en la colonia Condesa, en un estudio.

En ese video también salen mis hijos Apolonia y Pedro Antonio, además de Montserrat Oliver, que estaba trabajando conmigo de entrevistadora. Total, fue un éxito y esa es la primera canción de Gustavo Farías con Juan Gabriel.

También tuvimos otra historia, la de "La media vuelta". Es una historia bellísima, porque Alberto se hizo parte esencial de ella. Yo ya tenía muchos años trabajando continuamente todos los videos de Luis Miguel: "Cuando calienta el sol", "La incondicional"... Y en esos días, cuando grabamos en Miami "Pero qué necesidad", también hice dos videos con Luis Miguel ahí. Yo quería juntarlos a Luis Miguel y a él, porque mi compadre me decía:

—A ver qué día comemos todos juntos.

Pero eso nunca sucedió en Miami, aunque la canción "No sé tú" la filmamos casi al mismo tiempo de "Pero qué necesidad". Entonces me dijo Luis Miguel:

—Voy a hacer un disco de música mexicana y ahí voy a sacar "La media vuelta".

Fue un clásico del maestro José Alfredo Jiménez, que además, dice la anécdota, fue la canción que más rápido escribió en su vida. Creo que la escribió en dos minutos, en una servilleta, en una cantina. En realidad son dos estrofas y un corillo, es una canción muy compacta y se le da varias vueltas. Luis Miguel decidió cantarla y cuando yo la vi, dije:

—Esto es un trancazo. Creo que deberíamos de hacerle un homenaje a José Alfredo Jiménez.

Investigando un poco sobre José Alfredo Jiménez, era un cantante que en sus principios trabajaba en cantinas. O sea, ganaba lana en las mesas. Cuando le platicaba yo a Micky todo eso, le dije:

—Vamos a hacer un video en el que recreemos la época y a José Alfredo, y que tengamos el mariachi que usaba José Alfredo.

Soñamos hacerle un homenaje. Se me ocurrió a mí y le dije:

—Vamos a imitar. Vamos a poner una situación muy simple en la que tú cantes en una cantina, como cantaba José Alfredo. Emulemos.

En el video, Luis Miguel la hace de un hijo de Jorge Russek –un primer actor ya fallecido– que se enamora de alguien que se parece a "La Doña". Para eso trajimos a Gloria Peralta, que en esa época vivía en Guadalajara y era amiga de quien fue mi esposa más tarde. Ella fue la que me la presentó realmente. La trajimos porque tenía un rostro muy mexicano y levantaba la ceja muy bonito. Luego dije: que la contrincante sea Carolina, de "La incondicional" –me gusta meter personajes de otros dentro de mis historias–, pero le dije a Micky:

—Aquí lo importante sería que viniesen, como de extras, personajes de la cantina: aquellos que han interpretado a José Alfredo o que tienen un significado dentro de la cultura popular mexicana.

Entonces Luis Miguel –ya sabemos cómo es–, me dijo:

—Sí, Pedro. Pero a ver cómo le haces, porque yo no le voy a hablar a nadie para pedirle favores, porque me da cosa. Tú usa mi nombre. Me encanta la idea de que le hagamos un homenaje a José Alfredo.

—Perfecto.

Entonces al primero que le hablé, creo que es muy importante, fue a Juan Gabriel. Le dije:

—Oye, compadre —estábamos en la época de "Pero qué necesidad"—, este muchacho, Luis Miguel, va a grabar la canción homenaje a José Alfredo. Es histórico que un joven dé a conocer la música vernácula mexicana. A mí se me hace muy importante.

¡José Alfredo es el antecesor de Juan Gabriel, realmente! Así que le dije:

—Compadre, éste es el proyecto: Ya fui aquí al restaurante Cícero, con doña Estelita Moctezuma, una gran amiga mía y gran amiga de María Félix, y le dije. Así que ya tenemos el lugar y ya tenemos la canción. Ya Luis Miguel la grabó y está increíble. Ahora necesitamos recrear el espíritu de la cantina, pero con pura gente importante. ¿Me ayudas a conseguir a los demás?

Entonces me dijo:

—Yo puedo, compadre. Si yo hago falta, yo voy.

Se subió de inmediato. Aproveché y le dije:

—Me encantaría que viniera la Félix, porque es amiga tuya y de doña Estela Moctezuma.

Me respondió Juan Gabriel que sí, y le dije:

—Oiga compadre, ayúdame echando unas llamadas, me va a facilitar la vida. Yo voy a usar tu nombre y el nombre de Luis Miguel.

—Sí, claro —me contestó.

Entonces ahí comenzamos. Hicimos la lista más que con Luis Miguel, con Juan Gabriel. Él decía:

—A ver, mi'jo. Tiene que estar "la Tariácuri", Lola "la Grande", la hija de Lola, Aída —Aída creo que ya no estuvo, finalmente.

Y le dije:

—El papá necesito que sea el señor don Jorge Russek —un actorazo que yo admiraba mucho—. Y en el papel del contrincante de Luis Miguel, por quien dice la letra "yo quiero que te besen otros labios", me gusta que sea ese muchacho que yo conocí con usted, compadre.

—¿Cuál?

—Pues este Pablo Montero.

Que no era Pablo Montero en ese momento, sino Óscar, de Torreón. Yo lo había conocido con Juan Gabriel una vez que fuimos a cenar al Centenario, que estaba ahí en el Centro, también de Estela Moctezuma. Ahí Pablo cantaba de mesa en mesa y Juan Gabriel fue quien me lo presentó.

Armamos muy buen elenco, porque estaban Pablo Montero, Gloria Peralta, "la Incondicional" (Carolina Menéndez) y don Jorge Russek de papá. Y dijimos: "El Cícero, la hacienda de La Gavia y 'La media vuelta'. ¡Ya tenemos la fórmula!". Entonces empezamos a llenar las mesas.

—A ver, mesa uno: Carlos Monsiváis.

Carlos Monsiváis siempre admiró mucho a Juan Gabriel. Entonces le hablamos a Monsiváis, que era buen amigo mío. Él dijo:

—Por supuesto que voy.

Y trajo con él de acompañante a Consuelo Sáizar, quien muchos años después fue Secretaria de Cultura. También muy amiga mía.

Y empezó a correrse la voz. Al rato teníamos las mesas llenas de gente como Ofelia Medina, a quien se le ocurrió ponerse bigote y bombín, como homenaje a Frida y a no se quién. Estaba también Monna Bell.

Pero en un punto yo dije:

—Esto no puede estar completo si no hablamos con la familia del maestro José Alfredo Jiménez.

Entonces fui yo a buscar a la viuda y a su hijo José Alfredo. Ellos salen ahí también, sentados. Fue un video verdaderamente mágico. Les dimos, recuerdo, el llamado a las 11 de la mañana para que a las 12 estuvieran listos. La condición que puse es que no iba a haber prensa. Me acuerdo que veía a toda la prensa de espectáculos

Al rato teníamos las mesas llenas de gente como Ofelia Medina, a quien se le ocurrió ponerse bigote y bombín.

afuera en la puerta. Esa condición se la comuniqué a Juan Gabriel, Luis Miguel y a todos:

—No va a haber prensa. Va a ser un video-homenaje íntimo y que la gente lo conozca después, cuando esté terminado.

Recuerdo que salió muy fácil, porque estaba Luis Miguel en la barra y se acercaba el mariachi, que era además el mero Vargas de Tecalitlán. Era cuando Luis Miguel estaba megaguapo, estamos hablando exactamente de julio del 94.

La puesta en escena era como en las cantinas: Luis Miguel cantaba en la barra porque estaba deprimido. Estaban con él su papá, Jorge Russek, y las mujeres envueltas: Gloria Peralta y Carolina Menéndez. Gloria tenía un papel como de María Félix. Y él cantaba de mesa en mesa. Así de simple era el video, no había más.

En una hora terminamos de grabar el videoclip. Al menos la parte musical, porque pues no era nada complejo, sólo Luis Miguel cantando de verdad, con el mariachi y la canción. Es decir, aunque estábamos haciendo *playback* de la grabación original, estábamos cantando de verdad. Es el video más rápido que he hecho. Él sólo llegaba y cantaba a las mesas. Le dije:

—Micky, en esta vuelta le cantas a esta mesa, en esta vuelta le cantas a esa otra, luego acá. Ahora cantas con el mariachi. Ahora cantas tú solo.

De pronto ya lo teníamos. Entonces sí, ¡fuera cámaras! Y comenzamos una tardeada que yo considero histórica, porque comenzamos como a las dos de la tarde, empezó a fluir bonito el tequila y acabamos como a las siete de la noche, cuando nos teníamos que ir a La Gavia a seguir filmando la parte del caballo y las escenas de amor entre Gloria Peralta y Luis Miguel. Pero de dos a seis hubo mucha magia. Nomás hay que imaginarse la magia, porque fueron cuatro o cinco horas de una bohemia donde el espíritu de José Alfredo Jiménez se hizo presente. Luis Miguel se soltó completamente, se hizo uno con sus compañeros, con quienes normalmente no convivía. Y ahí entendió quién era Carlos Monsiváis y Monna Bell, por ejemplo. Y se sentó con todos en su mesa. Comimos, tomamos mucho tequila y se soltó una ronda de canciones como nunca he visto. O sea, todo el mundo cantó sin parar. Lola cantando a trío con Juan Gabriel y Luis Miguel. La Tariácuri, Monna Bell. Y ahí se pusieron muy cariñosos todos. ¡Muy cariñosos!

Eso, de hecho, dio como resultado que meses después nos distanciáramos mi compadre y yo, un distanciamiento que duró como cuatro o cinco años. Lo que pasó fue que no había ni una cámara en la cantina, a excepción de un par mías que yo traía para un *making of* y para registrar el momento histórico. Un material valiosísimo que sólo tengo yo.

Luego pasó el tiempo y me habló Juan Gabriel, creo que cuando iba a celebrar su aniversario. Y me dijo:

Fueron cuatro o cinco horas de una bohemia donde el espíritu de José Alfredo Jiménez se hizo presente.

—Pedrito, me van a hacer un homenaje por mis 25 años. Voy a celebrar mi aniversario como cantante. Me van a hacer un especial en televisión y quiero el material de esa tarde, porque esa tarde fue histórica y muy significativa. Quiero el material, ¿me lo prestas?

Yo le dije:

—Compadre, es que es un material que no puede salir. Fue como una cosa privada que yo registré, pero no para uso público, porque a nadie le dije que se iba a usar. Además, el material era un videoclip de Luis Miguel.

—Pues sí, eso es histórico —me contestó.

—Sí, por lo mismo hay que dejarlo. Son esos momentos mágicos que tienen que quedarse en la memoria colectiva y no tenemos por qué publicarlos.

Y él se sintió mucho. Pero cuando digo mucho, es mucho. Me lo hizo saber y, después de estar muy juntos, de ser compadres muy cercanos y hablarnos todo el tiempo, *freeze frame* durante cuatro años. Eso duró hasta que, en un evento de Televisa como en el 2000, en el Hipódromo, lo contrataron para cantar durante un fin de año. Ahí pasó el enojo, pero sí duró varios años. O sea que mi compadre era sentido.

En cuanto a la relación de él con Luis Miguel, ya se habían conocido antes en Acapulco, recuerdo que Micky me lo dijo. Micky es una persona divina, pero es reservado y distante. Tiene su estilo de marcar la distancia. En realidad, en Acapulco sólo se presentaron y nada más. En cambio, en la grabación de "La media vuelta" sí hubo magia. Hubo mucha admiración mutua.

Micky se dio cuenta de que gracias a la intervención de Juan Gabriel teníamos a ese elenco que, yo creo, lo hizo el videoclip con el elenco mexicano más histórico que se haya hecho jamás. Lo analizas cuadro por cuadro y hay gente interesante, muchos que ya no están con nosotros, figuras muy grandes: ¡Lola!, ¡la Tariácuri! O sea, gente importante. Además esa tarde le dio a Luis Miguel un reconocimiento de los grandes. Y es que, realmente, el concepto era: por amor a José Alfredo Jiménez, hagamos esto todos. Había un común denominador, que era el homenaje al gran José Alfredo. Algo hecho por Micky y apadrinado por Juan Gabriel.

María Félix no llegó. Fue la gran ausente de ese video y hubiera sido la corona perfecta. Estuvo a punto de llegar, pero se sintió mal. Ya íbamos por ella a Polanco, me acuerdo muy bien, pero no lo logró.

Me dio mucha tristeza que Micky y Juan Gabriel no coincidieran para grabar el videoclip de *Los dúo*. El equipo de mi compadre lo buscó, pero no se dio. Creo que hubiera sido importante para la historia de la música. Pero bueno, ya Gustavo Farías, con la magia de su producción, los unirá de una manera armoniosa. Seguramente dará un trancazo esa canción de *Los dúo 3*.

Es cierto que México no volverá a ser igual sin Juan Gabriel. Ha habido grandes personas en este país, como el maestro Agustín Lara, luego nuestro Pedro Infante, José Alfredo Jiménez y ahora Juan Gabriel. Es la única persona capaz de desatar sucesos como el de Nicolás Alvarado. Hacer tanto rollo y llevarlo hasta que López Dóriga lo entreviste. Juan Gabriel muerto, todavía en Bellas Artes, y seguía causando estragos y controversias. ¡Y seguirá!

Yo creo que así como ahora estoy platicando historias, todos tenemos anécdotas de él que van a dar para hacer más series y películas. Yo creo que es el gran ícono mexicano y que casi todo lo que se diga de él es cierto. Él era una persona muy transparente: sus amores, desamores, su vestuario, sus lentejuelas, sus hijos, su locura por la casa de Juárez... hasta su muerte creo que fue un poco como él: caótica.

Él y yo platicábamos en estas últimas veces que yo lo iba a ver al Auditorio, que me preocupaba porque Gustavo Farías, quien realmente lo procuraba mucho,

Hasta su muerte creo que fue un poco como él: caótica.

le recomendaba ir con sus doctores en Estados Unidos para checarse la voz. Porque Juan Gabriel sí era desordenado en eso: abusaba de él mismo. O sea, si se le antojaba cantar cuatro o cinco horas, las cantaba y no necesariamente cuidaba su garganta. Gustavo Farías le decía:

—Oiga, maestro don Alberto, usted vive de cantar. Tiene que cuidar su aparato con el que canta.

Y siempre estábamos con el pleito de que fuera con un doctor para que se atendiera la parte vocal, que no abusara con más horas de las que debía cantar. Lo que pasaba es que le ganaba el artista. Y si él sentía el aplauso, aunque estuviera ronco ahí seguía. Y a la gente le encantaba. En los últimos conciertos que estuve con él, nos subíamos al camerino e íbamos por ahí a cenar. Él estaba muy contento.

Dejamos pendientes algunos proyectos. Íbamos a dar un concierto muy grande en unos jardines del estado de Morelos. Luego, con mi hermano David, Gustavo estuvo trabajando en todos los dúos. Se quedó pendiente también la gran filmación en el Zócalo. En resumen, se quedaron pendientes varios proyectos que hablamos de hacer juntos.

Creo que Juan Gabriel estaba en un momento mágico donde, me informan, había puesto orden en sus finanzas, le estaba yendo bien con las regalías y las ventas de sus discos. Fue también un genio, porque fue de los pocos artistas que, a partir de sus movimientos, logró tener la propiedad de sus másters, del fonograma y del derecho de autor e intérprete. Realmente creo que es el artista que mejor consolidó su negocio al final de su vida. Ya le debía muy pocos discos a Universal. ¡Estaba en un momento de gloria! No estoy muy enterado de su testamento, pero creo que dejó un gran legado a sus sucesores. Y ya ordenado.

Otra cosa que a Gustavo Farías y a mí nos preocupaba era que él había dado miles de entrevistas y siempre pedía material. Si aquí estuviéramos parados y alguien estuviera grabando, él decía:

—Pero dame una copia.

Así que Juan Gabriel mismo fue su principal biógrafo.

Tuvo todo el material sobre él mismo. Al final le contrataron a personas profesionales, como si fuera un bibliotecario encargado de sonidos, y compró un servidor muy importante tecnológicamente hablando, en donde digitalizó todo su material fílmico: entrevistas, películas, escaneos de la radio. Ese tesoro que tiene ahí ojalá y lo mantenga su familia, porque tengo entendido por Gustavo Farías, que le dedicaron muchos recursos y tiempo. Gustavo me dijo que si él requería sacar una voz de 1980 para meterla en una producción, la encontraba. O sea, tenían ya todo ordenado. Juan Gabriel

Juan Gabriel mismo fue su principal biógrafo.

finalmente había logrado ordenar toda su vida.

Mi compadre me dejó su amistad, ser padrino de mi hijo y ese mes que pasamos juntos en Santa Fe fue inolvidable porque estuvimos solos, completamente solos.

En la pared
de un camerino

María Victoria

María Victoria. Es una diva fantástica. Aparte de ser un ícono de la época de oro del cine mexicano, tiene un gran sentido del humor y es una mujer incansable: cumplió 72 años de carrera artística y sigue. Dice María que todas las primeras veces importantes de Juan Gabriel fueron a su lado.

Rubén, mi esposo, me lo presentó. Me dijo que había un muchacho que tenía canciones muy bonitas, que lo iba a traer para que lo conociera. El muchacho era Juan Gabriel y de inmediato hicimos amistad. Hicimos giras y él hizo apariciones en mi programa *La criada bien criada*. Anduvimos día y noche viajando porque él era muy lindo conmigo y cuando Rubén se murió me hizo una canción: "Señora María Victoria".

Eso fue al principio de su carrera. Era guapísimo, delgadito y sus hoyitos de las mejillas se le veían divinos. Éramos íntimos casi, venía a la casa a comer muy seguido. Él comía sopas, el té era nada más para su hermana Virginia. También me presentó a su mamá cuando fui a Ciudad Juárez. He visto que declaran tantas tonterías que no son ciertas, como que odiaba a su mamá. Ella era una señora humilde que trabajaba y no tenía cómo mantener a su hijo. Tenía que trabajar y dejarlo en una parte segura.

Últimamente me mandó una canción que se llama "Qué no diera yo por volverte a ver". La íbamos a cantar. Me mandó como invitada de honor a Guadalajara, para su

Esa canción me la escribió en la pared de un camerino del teatro Blanquita, porque trabajamos ahí.

homenaje. Pero me quedé con la canción, porque íbamos a cantarla entre los dos. Yo la iba a interpretar y después él entraría conmigo, pero no pudimos hacerlo.

Conmigo hizo nueve programas. Y firmamos contrato para que no le fallara al productor, Jaime Jiménez Pons. Fue muy lindo. Tengo puros recuerdos bonitos. Y si la gente tiene recuerdos bonitos es que también la pasó muy bien con él.

Mi canción favorita de él es sin duda la que me hizo, "Señora María Victoria", porque la compuso en un momento que yo estaba desesperada porque se había muerto mi esposo, Rubén. Esa canción me la escribió en la pared de un camerino del Teatro Blanquita, porque trabajamos ahí. También trabajamos en cabaret, en el Apache con Carmen y Raphael, y nos fuimos de gira con "El Burro" Delgado a Estados Unidos. A él le encantaba.

Llegábamos de un viaje a prender la televisión y, como ni él ni yo entendíamos inglés, le traducía todo lo que se me venía a la cabeza. Él se moría de la risa: "Sigue, sigue traduciéndome", decía. Y como había cosas que parecía que eran ciertas, le encantaba. Creo que fue un buen amigo. Ayudó a mucha gente cuando pudo. Yo la he pasado bien con mucha gente y no sientes el cariño como él te lo demostraba.

También fue muy respetuoso con la prensa. Nunca quiso faltarle a nadie, ni hablar mal de mis compañeros, porque es como hablar de tu familia. Extrañaré todas esas cosas que pasábamos juntos. Me decía, porque siempre me ayudaba con la bolsa. "Trae acá" y me la cargaba. Y un día ya íbamos a subir al avión, cuando le dije:

—Ay, Juan, ve a comprarme algo. ¿Te acuerdas de los dos collares que escogí? El de los pajaritos me encantó.

Y ahí fue corriendo.

—Aquí están —dijo—. Voy a perder el avión.

—No, pero este no es.

—Ay, caray. ¿Ahora cuál es?

Se enojó esa vez porque lo hice ir dos veces. Pero se contentaba.

La primera vez que trabajó conmigo en el Blanquita llegó hasta la televisión, al radio y discos. Fui la primera con quien hizo duetos. Tengo muchos recuerdos bonitos.

Me hacía reír y yo lo hacía reír. El día que lo vi por última vez en el Auditorio Nacional, fui con mi hijo Rubén y mi nieto. Cuando terminó el show me mandó a decir que me esperaba en el camerino. Estuvimos ahí con él hasta las seis de la mañana cantando y recordando mi hijo, mi nieto y sus trabajadores. A mi nieto le regaló una camisa que decía "Juan Gabriel", porque él era su admirador. También le conté chistes, estuvo muy contento. No me dejaba ir. "Ay, estate otro rato", me pedía. Y Rubén me regañaba: "Mamá, no lo dejas ni cenar y acaba de trabajar. Déjalo que descanse ya". Cuando ya me iba, pasó lo que más se me grabó de él. Eso se me quedó para siempre. Me dijo:

—Mary, ¿te pido un favor?

Se hincó y me dijo:

—Dame la bendición.

De esto, hace ya un tiempo.

Álbum de familia

De izquierda a derecha: Patricia Ortiz Monasterio, Lucía Méndez y Juan Gabriel en el bautizo de Pedro Antonio.

Marta Sahagún, Juan Gabriel y Vicente Fox.

Juan Gabriel y Paty Cantú.

Pablo Montero y Juan Gabriel.

Juan Gabriel y María Victoria.

Verónica Castro y Juan Gabriel.

Juan Gabriel y su ahijado, Pedro Antonio.

Eduardo Magallanes, Juan Gabriel y Verónica Castro.

Pedro Torres, Lucía Méndez y Juan Gabriel en el bautizo de Pedro Antonio.

Juan Gabriel con Carlos Cuevas.

Juan Gabriel con Elena Poniatowska.

Juan Gabriel y Aída Cuevas.

Emmanuel. Fotógrafo: Juan Gabriel.

Emmanuel. Fotógrafo: Juan Gabriel.

Carlos Monsiváis, Luis Miguel, Pedro Torres y Juan Gabriel.